示范校重点专业建设成果教材
职业教育技能型实用人才培养系列规划教材

CHENGSHI GONGJIAO CHELIANG

城市公交车辆构造与使用

GOUZHAO YU SHIYONG

主　编　汪　亮　张　睿

西南交通大学出版社
·成　都·

图书在版编目（CIP）数据

城市公交车辆构造与使用 / 汪亮，张睿主编. —成都：西南交通大学出版社，2018.10
示范校重点专业建设成果教材　职业教育技能型实用人才培养系列规划教材
ISBN 978-7-5643-6560-8

Ⅰ. ①城… Ⅱ. ①汪… ②张… Ⅲ. ①公交车辆－车体结构－职业教育－教材②公交车辆－使用方法－职业教育－教材 Ⅳ. ①U469.13

中国版本图书馆 CIP 数据核字（2018）第 244114 号

示范校重点专业建设成果教材
职业教育技能型实用人才培养系列规划教材

城市公交车辆构造与使用

主编　汪　亮　张　睿

责任编辑　李　伟
特邀编辑　傅莉萍
封面设计　何东琳设计工作室

出版发行　西南交通大学出版社
（四川省成都市二环路北一段 111 号
西南交通大学创新大厦 21 楼）
邮政编码　610031
发行部电话　028-87600564　028-87600533
网址　http://www.xnjdcbs.com
印刷　四川煤田地质制图印刷厂

成品尺寸　185 mm×260 mm
印张　12.75
字数　271 千
版次　2018 年 10 月第 1 版
印次　2018 年 10 月第 1 次
书号　ISBN 978-7-5643-6560-8
定价　48.00 元

课件咨询电话：028-87600533
图书如有印装质量问题　本社负责退换

市级中职示范校重点专业建设
教材编写委员会

总　序

近 5 年来，国家先后颁布了《国务院关于加快发展现代职业教育的决定》(国发〔2014〕19 号)、《国家教育事业发展“十三五”规划》(国发〔2017〕4 号)、《国务院办公厅关于深化产教融合的若干意见》(国办发〔2017〕95 号)，重庆市为贯彻落实国家颁布的相关政策文件，特制定了《重庆市人民政府关于加快发展现代职业教育的实施意见》(渝府发〔2015〕17 号)等政策文件，大力推进职业教育改革发展。

为积极响应国家政策，更好地适应重庆经济转型和产业结构调整的需要，2014 年，重庆市教委、市人力社保局、市财政局决定实施市级中等职业教育改革发展示范学校建设计划，2014—2016 年，在全市范围内重点支持建设不超过 30 所市级中等职业教育改革发展示范学校。项目学校通过人才培养模式改革、专业课程体系建设、校企合作、师资队伍建设等，促进学校改革创新、内涵发展，成为全市中等职业学校改革创新的示范、提高质量的示范、办出特色的示范，在中等职业教育改革发展中发挥引领骨干和辐射作用，为经济社会发展培养高素质劳动者和高技能技术人才。

2016 年 8 月，重庆市公共交通技工学校成功申报为市级中职示范校项目建设学校。经过两年的建设，在课程改革和教材建设上取得了可喜成绩，为进一步总结经验，固化成果，特组织骨干教师编写了 20 余门系列优质课程配套教材，并交由西南交通大学出版社审核出版。

本系列教材是在相关企业专家的悉心指导以及参与下完成的。教材以强化学生职业能力和培养综合素质为主线，以工作过程为导向，以典型工作任务和生产项目为载体，立足行业岗位要求，参照相关职业资格标准和行业技术标准，遵循中职学生成长规律、中职教育规律和行业生产规律进行开发建设。教材按照项目导向、任务驱动、模拟情境等教学模式要求，构建学习任务单元，注重学生可持续发展能力、创新能力、综合技术能力的培养，具有典型的工学结合特征。

本系列教材是重庆市公共交通技工学校不断深化教学改革的结果，更是市级中职示范校建设的一项重要成果，其中凝聚了各位编审人员的大量心血与智慧，也凝聚了众多行业专家的智慧。同时，在编写过程中得到了有关兄弟院校的大力支持，在此一并表示诚挚感谢！希望该系列教材的出版能有助于促进中职相关专业人才培养质量的提高，能为交通运输类职业院校的教材建设起到积极的引领和示范作用。本系列教材涉及专业面广，加之编者对现代职业教育理念的学习和认知仍需不断地改进和提高，书中难免存在不妥之处，恳请专家、同行不吝赐教，以促使我们不断提高教材编写的质量和水平。

李灿

2018 年 5 月

前言 PREFACE

为深入贯彻《国务院关于加快发展现代职业教育的决定》（国发〔2014〕19号）和全国职业教育工作会议精神，加强优质职教资源建设，根据重庆市委、市政府《关于大力发展职业技术教育的决定》（渝委发〔2012〕11号）等有关要求，重庆市教育委员会、重庆市人力和社会保障局、重庆市财政局自2014年启动重庆市市级中等职业教育改革发展示范学校建设工作。2016年8月18日，重庆市公共交通技工学校立项重庆市第三批市级中等职业教育改革发展示范学校建设单位。

本教材是重庆市公共交通技工学校市级中职示范校重点建设专业——汽车驾驶专业的建设成果之一。本教材总结了学校多年的专业教学经验，结合行业企业对城市公交客车驾驶员等岗位的特殊要求，以学生就业为导向，以能力为本位，按照城市公交客车驾驶员的工作任务要求，以培养学生对城市公交客车构造认知、使用养护的职业能力为主线，将城市公交车辆构造、使用及日常维护的相关知识和技能融于一体，在编写过程中尽量体现教材的职业性、实用性、操作性和先进性。通过本教材的学习，可使学生具备城市公交客车的基本认知，掌握城市公交客车的各总成部件的使用及日常维护保养等具体技能。本教材共有10个项目22个学习任务，每个学习项目由若干个学习任务组成。

本教材由重庆市公共交通技工学校汪亮、张睿担任主编。本教材是课程改革的阶段性成果，尚有许多需要改进的地方。

在本教材编写过程中，编者参考了部分书籍、论文以及重庆公交公司城市公交客车保养作业规范、培训资料等文献资料，并引用了一些研究成果，在此对这些专家和学者表示深深的谢意。由于编者工作疏忽或者其他原因，教材中可能有一些引证参考资料未列明出处，若有此情况，在此表示真诚的歉意。鉴于编写时间紧、任务重，书中难免有不妥之处，敬请读者提出宝贵意见，以便再版时修订完善。

编　者

2018年5月

目录 CONTENTS

项目一

城市公交车辆发动机总体构造

任务一　城市公交车辆概述

学习目标

（1）熟知汽车定义和类型。

（2）掌握城市公交车辆的总体构成。

（3）熟知城市公交车辆的技术性能。

情境导入

小明准备报名城市公交车驾驶员学习班，假设你是一名教练，为小明做一个城市公交车辆介绍。

知识准备

一、汽车的定义及类型

（一）汽车的定义及类型

根据 GB/T 3730.1—2001 标准规定，我国对汽车的定义为：由动力驱动，具有 4

个或 4 个以上车轮的非轨道承载的车辆。

汽车根据其用途和特征分为乘用车辆和商用车辆两大类。乘用车辆是指在其设计和技术特性上主要用于载运乘客及其随身行李或临时物品的汽车，包括驾驶员座位在内最多不超过 9 个座位的车辆，如图 1-1-1 所示。

图 1-1-1　乘用车

商用车辆是指在设计和技术特性上用于运送人员和货物的汽车，并且可以牵引挂车的车辆，如图 1-1-2 所示。

图 1-1-2　商用车

（二）国产汽车产品型号编制规则

国产汽车型号应能表明其厂牌、类型和主要特征参数等。该型号由拼音字母和阿拉伯数字组成，包括首部、中部和尾部三部分。

首部：由 2 个或 3 个拼音字母组成，是识别企业的代号，如 CA 代表“一汽”，EQ 代表“二汽”等。

中部：由四位数字组成，分为首位、中间两位和末位数字三部分，其含义见表 1-1-1。

表 1-1-1　汽车型号中部四位阿拉伯数字的含义

首位数字（1~9）表示车辆类别		中间两位数字表示各类汽车的主要特征参数	末位数字
1	表示载货汽车	数字表示汽车的总质量（t）	表示企业自定序号
2	表示越野汽车		
3	表示自卸汽车		
4	表示牵引汽车		
5	表示专用汽车		
6	表示客车	数字×0.1 m 表示车辆的总长度	
7	表示轿车	数字×0.1 L 表示汽车发动机的工作容积	
8	（暂缺）		
9	表示半挂车或专用半挂车	数字表示汽车的总质量（t）	

尾部：由拼音字母或加上阿拉伯数字组成，可以表示专用汽车的分类或变型车与基本型的区别。

例如：型号 CK6102 表示重庆客车制造厂生产的客车，车长 10.2 m。

（三）车辆识别代号

1. 车辆识别号的定义

车辆识别代号英文简称 VIN。它由 17 位字符组成，俗称十七位码，是制造厂为识别而给车辆制定的唯一字码代号。对于每一辆车，VIN 码能保证 50 年内全世界范围内不重复出现，如图 1-1-3 所示。

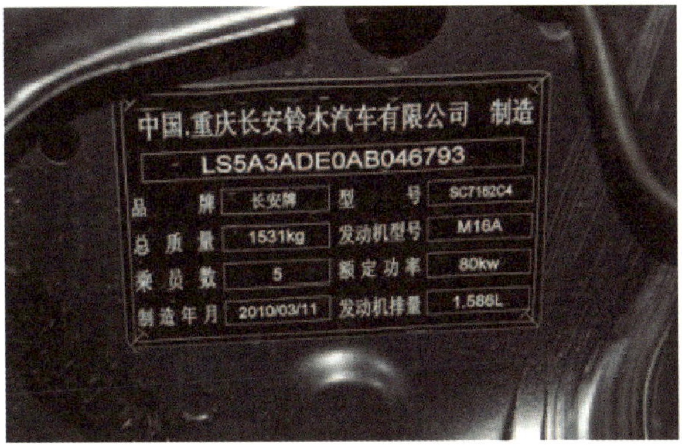

图 1-1-3　车辆 VIN 码

一般，车辆的 VIN 码位于仪表板与前风窗玻璃左下角的交界处发动机前横梁上、车架上、行李舱内、悬架支架上、纵梁上、翼子板内侧等，有的直接标注在车辆铭牌上。汽车铭牌一般置于车辆前部易于观察之处，通常打开发动机舱盖便可以看到；客车铭牌置于车内前乘客门的上方。铭牌上标明厂牌，型号，发动机功率，总质量，载质量或载客人数，出厂编号，出厂年、月、日及厂名等信息。

车辆识别代号由三部分组成：第一部分，世界制造厂识别代号（WMI）；第二部分，车辆说明部分（VDS）；第三部分，车辆指示部分（VIS），如图 1-1-4 所示。

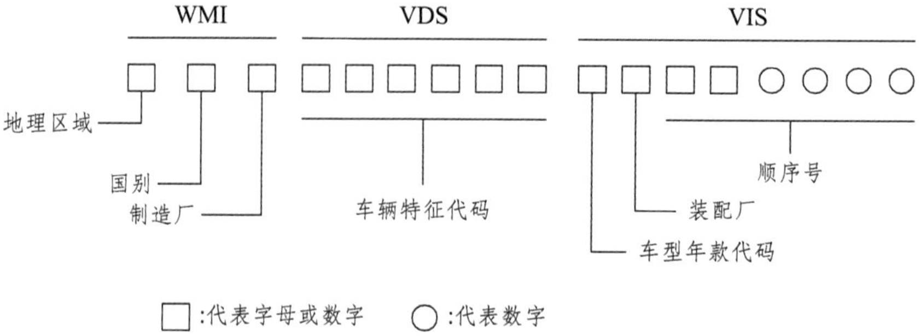

图 1-1-4　VIN 码的组成

2. 车辆识别码的含义

在车辆识别代号中仅能采用 0～9 阿拉伯数字和大写的罗马字母（字母 I、O 及 Q 不能使用）表示。

（1）第 1～3 位（WMI——世界制造厂识别代码）：表示制造厂、品牌和类型，用来标识车辆制造厂的唯一性，通常占 VIN 代码的前三位。

（2）第 4～9 位（VDS——车辆说明部分）：说明车辆的一般特性，制造厂不用其中的一位或几位字符，就在该位置填入选定的字母或数字占位，其代号顺序由制造厂确定。

（3）第 10～17 位（VIS——车辆指示部分）：制造厂为了区别不同车辆而指定一级字符，其最后四位应是数字。

3. 客车识别代号示例

某车 17 位码为 LE4EJ68WAV5700321。现分析上述代码所包含的信息：

第 1 位：生产国家代码，该车为 L，说明是国产汽车。第 2 位：汽车制造商代码，E 指的是北京吉普汽车公司。第 3 位：汽车类型代码，4 指的是 BJ2021 车型。第 4 位：厂定最大总质量分级代码，E 是指 1 360～1 814 kg。第 5 位：车型种类代码，J 指 4×4 左置转向盘。第 6 位：装配类型代码，6 为中档型。第 7 位：车身类型代码，8 指的是 4 门金属硬顶。第 8 位：发动机类型代码，W 指的是 2.5 L 四缸化油器式汽油机。第 9 位：工厂检验代码，A 指的是四缸长轴距切诺基。第 10 位：年款代码，V 是指 1997 年生产的。第 11 位：装配厂代码，5 是指北京吉普总装厂。第 12 位至第 17 位：生产的顺序代码，对于北京吉普来说，第 12 位是日历年的末位数字，所以该车是 1997 年生产的第 321 辆该型号车。

二、城市公交车辆整体构造

城市公交车辆是由成千上万个零件所组成的结构复杂的交通工具。其具体结构可以有很大的区别，但总体结构通常由发动机、底盘、车身及电器与电子设备四大部分组成。典型城市公交车辆的总体构造如图 1-1-5 所示。

（a）发动机

（b）底盘

（c）车身

（d）电气设备

图 1-1-5　城市公交车辆构造

1. 发动机

发动机是城市公交车的动力装置。其作用是将燃料的化学能转变为热能，再将热能转化为机械能，并通过底盘的传动系统驱动车辆行驶。城市公交车辆发动机广泛采用往复活塞式发动机，它一般是由曲柄连杆机构、配气机构、供给系统、冷却系统、润滑系统、点火系统（仅用于点燃式内燃机）和起动系统组成。

2. 底　盘

底盘是接受发动机的动力，使汽车运动并按驾驶员的操纵而正常行驶的部件。它是城市公交车辆的基体。发动机、车身、电器与电子设备及各种附属设备都直接或间接地安装在底盘上。它主要由传动系统、行驶系统、转向系统和制动系统四大部分组成。

3. 车　身

车身是驾驶员工作的场所，也是装载乘客和货物的部件。它有承载式车身和非承载式车身之分。车身主要包括发动机舱、车身本体及副车架，还包括货车的驾驶室和货箱以及某些汽车上的特种作业设备。

4. 电器与电子设备

电器设备包括电源组（蓄电池、发电机）、发动机点火设备、发动机起动设备、照明和信号装置、仪表、空调、刮水器、音响设备、门窗玻璃电动升降设备等。电子设备包括导航系统、电控燃油喷射及电控点火设备、电控自动变速设备、电子防抱死制动设备（ABS)、电子驱动防滑设备（ETS)、车门锁的遥控及自动防盗报警设备等各种人工智能装置。

三、城市公交车辆主要技术性能

（一）动力性能

城市公交车辆动力性是指在良好路面上直线行驶时，由汽车受到的纵向外力所决定的能达到的平均行驶速度。动力性的好坏是决定城市公交车辆运输效率的主要因素。动力性可从三个指标进行评价：

1. 汽车的最高车速

汽车满载时在坚硬良好水平路面上（水泥混凝土路面或者沥青混凝土路面）所能达到的最高行驶速度。

2. 汽车的加速能力

汽车在各种使用条件下迅速增加汽车行驶速度的能力。加速过程中加速时间越短、加速度越大和加速距离越短的汽车，加速性能就越好。

3. 汽车的爬坡能力

汽车满载时以最低挡位在坚硬良好路面上（水泥混凝土路面或者沥青混凝土路面）等速行驶所能克服的最大坡度称为最大爬坡度。最大爬坡度反映汽车最大牵引力的大小。

（二）经济性能

城市公交车辆经济性能是指在一定的使用条件下，以最少的燃料消耗量完成单位运输工作量的能力。经济性直接影响城市公交车辆的运行成本，是运输企业成本核算的非重要因素之一。我国通常采用车辆在一定的使用条件下——每行驶 100 km 消耗掉的燃料量（单位：L/100 km）来表示。

（三）制动性能

城市公交车辆具有良好的制动性是安全行驶的保证，也是汽车动力性得以很好发挥的前提。制动性能是指车辆行驶时能在短时间内停车且维持行驶方向稳定性和在下长坡时能维持一定车速的能力。其评价指标主要有 3 个：

1. 制动效能

制动效能指在良好路面上，城市公交车辆以一定初速制动到停车的制动距离或制动时汽车的减速度。制动效能是制动性能最基本的评价指标。

制动距离与汽车的行驶安全有直接的关系，它指的是汽车空挡时以一定初速，从驾驶员踩着制动踏板开始到汽车停止为止所驶过的距离。制动距离与制动踏板力以及路面附着条件有关。

制动减速度反映了地面的制动力，因此它与制动器制动力（车轮滚动时）及附着力（车轮抱死拖滑时）有关。

2. 制动效能的稳定性

汽车在短时间内连续制动后，制动器温度升高，制动器温度常在 300 °C 以上，有时甚至达到 600 ~ 700 °C。高温会导致制动器的制动效能下降，这一现场称为制动器的热衰退。汽车连续制动后制动效能的稳定程度称为制动效能的稳定性，或者称为制动抗热衰退性。汽车涉水后制动效能也会下降。反映汽车涉水后制动效能的保持程度用汽车制动抗水衰退性表示。

3. 制动时车辆的方向稳定性

制动时车辆的方向稳定性指汽车在制动过程中按指定的路线行驶，不发生跑偏、侧滑和失去转向的能力。车辆在制动过程中，有时会出现制动跑偏、侧滑或前轮失去转向能力而使汽车失去控制离开原来的行驶方向，甚至发生撞入对方车辆行驶轨道、下沟、滑下山坡的危险情况。制动跑偏、侧滑和前轮失去转向能力是造成交通事故的重要原因。因此，从保证汽车制动时的方向稳定性的角度出发，现代城市公交车辆均设有制动防抱死装置（ABS）。

任务实施

一、实施准备

（一）任务名称

城市公交车辆总体结构认知。

（二）资源要求

（1）根据工位数量将学生分组，每小组 6 人分工协作操作。

（2）做好车辆安全防护工作，对完工车辆进行检验，并做好现场 5S 工作。

（3）操作设备及资料清单（见表 1-1-2）

表 1-1-2　操作设备及资料清单

序号	名　称	型　号	数量
1	实训城市公交客车整车	CK6106	2
2	城市公交客车使用手册	CK6106	2
3	任务工单		1 份/人

二、任务执行

在教师的带领下对城市公交车辆整车总体结构进行认知，根据任务书填写各零部件、总成的名称。

考核评价

考核评价见表 1-1-3。

表 1-1-3　任务实施评价表

考核项目	评价标准	评价方式			得分
认知流程图是否完成	根据需要进行试车验证（40%）	自评	互评	教师评价	
认知计划是否合理	按照计划顺利实施任务（20%）				
任务书填写是否规范	认知过程规范，任务书填写清晰、正确（20%）				
现场 5S 工作情况	工具整理、现场清扫等（20%）				

课后拓展

（1）汽车的类别有哪些？请举例你所见过的汽车的分类。

（2）汽车的使用性能有哪些？

任务二　认识城市公交车发动机

学习目标

（1）掌握汽车发动机的作用及类型。

（2）掌握城市公交车发动机的工作原理。

（3）掌握城市公交车发动机的总体结构。

情境导入

小明成功报名城市公交车驾驶员学习班，假设你是一名教练，为小明做一个城市公交车辆发动机介绍。

知识准备

汽车发动机为汽车提供动力，是汽车的“心脏”，影响汽车的动力性、经济性和环保性。其主要作用是将汽油（柴油）或天然气的热能，通过在密封气缸内燃烧气体膨胀时推动活塞做功，转变为机械能，驱动车辆行驶，如图 1-2-1 所示。

一、发动机的分类

汽车发动机是一个能量转换机构，现代汽车发动机均采用内燃机，其结构形式有多种，因篇幅受限，本书仅介绍几种常见类型。

1. 按照所使用燃料分类

按照发动机所使用燃料的不同，汽车发动机主要有汽油发动机、柴油发动机、气体燃料发动机，如图 1-2-2 所示。

图 1-2-1　城市公交车用发动机

（a）汽油机

（b）柴油机

（c）气体燃料发动机

图 1-2-2　不同燃料发动机

柴油机所使用的柴油与汽油机所使用的汽油相比，其最大的不同在于柴油的着火是压燃的，而汽油的着火是点燃的。城市公交车辆受国家政策影响，大力发展和推广使用清洁能源，应用较为广泛的是气体燃料发动机，尤其是采用压缩天然气（CNG）和液化石油气（LPG）作为燃料较为常见，本书以城市公交车用压缩天然气发动机为例进行讲解。气体燃料发动机所使用的气体燃料着火方式也均为点燃。

2. 按照活塞运动特点分类

按照活塞运动特点的不同，汽车发动机分为往复活塞式发动机和转子式发动机，如图 1-2-3 所示。

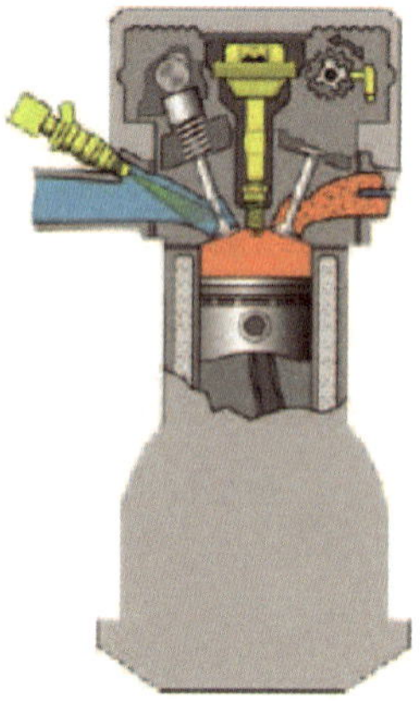

（a）往复活塞式

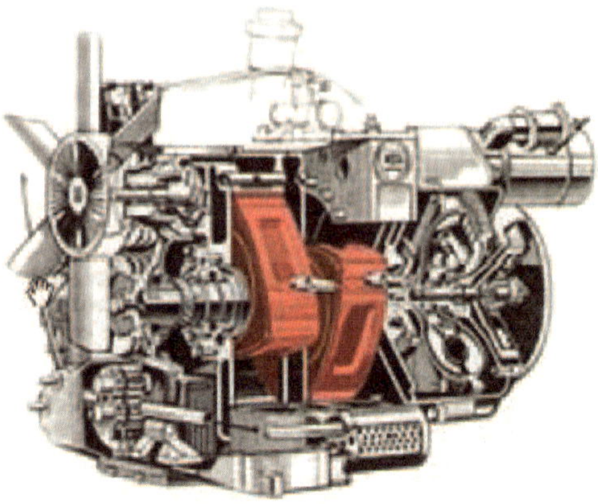

（b）转子活塞式

图 1-2-3　不同活塞运动的发动机

往复活塞式发动机通过气缸内活塞的往复运动实现能量转换，最终驱动车辆前进，发动机及气缸本身都是相对不动的，目前在汽车中广泛应用。

转子式发动机则是一种三角活塞旋转式发动机，它采用三角转子旋转运动来控制压缩和排放。

3. 按照发动机气缸结构特点分类

一台汽车发动机往往具有 3 个以上的气缸。汽车发动机主要的分类方式是根据气缸的布局及排列方式来划分，一般有直列、V 形及水平对置等几种，如图 1-2-4 所示。

直列式发动机（Line Engine）的所有气缸均按同一角度肩并肩排成一个平面，使用一个气缸盖。直列式发动机在城市公交车辆中应用十分广泛。

V 形发动机将所有气缸分成两组，把相邻气缸以一定夹角布置在一起，使两组气缸形成有一个夹角的平面，从侧面看气缸呈 V 字形，故称 V 形发动机。V 形发动机主要应用于中高档轿车车型。

水平对置式发动机将 V 形发动机两排气缸的夹角扩大为 180°，气缸水平对置排列。水平对置式发动机是日本富士汽车的招牌技术之一。

（a）直列式发动机

（b）V 形发动机

（c）水平对置式发动机

图 1-2-4　不同结构特点的发动机

4. 按照进气方式分类

现代汽车发动机是在气缸内进行气体的燃烧，对外实现动力输出的。根据气体进入气缸的方式，可以将汽车发动机分为自然吸气式发动机和增压式发动机，如图 1-2-5 所示。

（a）自然吸气式发动机

（b）增压式发动机

图 1-2-5　不同进气方式的发动机

自然吸气式发动机是利用活塞运行时产生的负压，在大气压力的作用下，将混合气或空气吸入气缸。其技术成熟，稳定性较高，养护成本较低。

增压式发动机是在自然吸气的基础上，通过增加机械装置，主动将空气压入气缸，从而保证更充分的进气量。增压式发动机拥有良好的加速持续性；给燃烧室提供更多的空气，使燃烧更彻底，从而节约燃料，更经济，但生产和维护成本较高。城市公交车为有效降低运营成本，普遍采用自然吸气式发动机。近年来，随着节能减排要求日益严格，增压式发动机应用越来越多。

5. 按照冷却方式分类

发动机在工作中，产生大量的热，为保证发动机正常工作，需要对发动机进行有效冷却。根据其冷却方式的不同，汽车发动机主要有风冷式发动机和水冷式发动机，如图 1-2-6 所示。

（a）风冷式发动机

（b）水冷式发动机

图 1-2-6　不同冷却方式的发动机

风冷式发动机利用流动的空气进行散热，其结构简单，加工制造的费用较低，但散热效果有限，仅用于热负荷不大的小排量发动机。

水冷式发动机利用冷却水为冷却介质，冷却水在发动机中循环流动，其散热效果好，但结构复杂。现代城市公交车均采用水冷式发动机。

二、发动机的工作原理

城市公交车发动机的工作过程是周期性地将燃料燃烧的热能转变为机械能的过程。其需要经过进气、压缩、做功、排气等一系列工作过程，每进行一次这样的能量转换称为一个工作循环。在完成一次能量转换的过程中，曲轴旋转两周，活塞往复运动四次完成一个工作循环，这种发动机称为四冲程发动机。因篇幅受限，本书仅介绍四冲程汽油发动机工作原理，城市公交车用压缩天然气发动机工作原理与之相同，如图 1-2-7 所示。

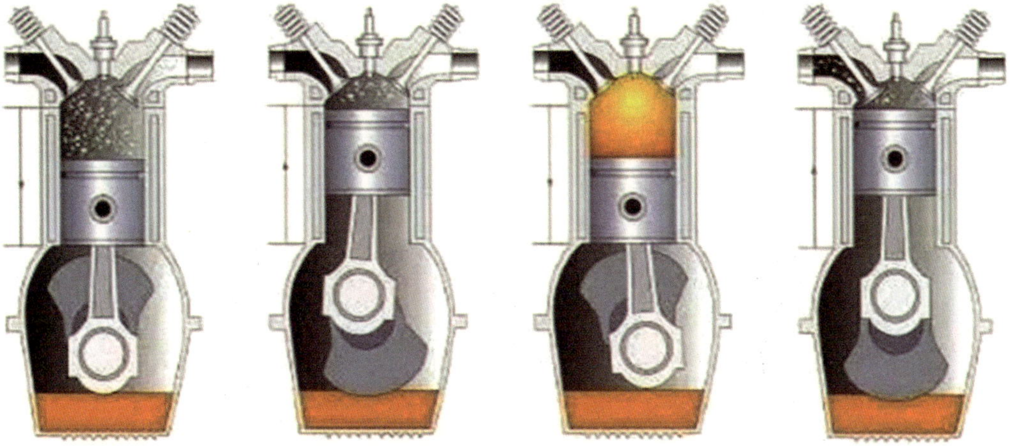

（a）进气　（b）压缩　（c）做功　（d）排气

图 1-2-7 四冲程发动机工作过程

1. 进气过程

活塞由曲轴带动从上止点向下止点运动。进气门打开，排气门关闭。活塞上腔容积增大，在真空吸力的作用下，经过滤清的空气与汽油形成混合气，经进气门被吸入气缸，至活塞运动到下止点时，进气门关闭，停止进气，进气行程结束，如图 1-2-7（a）所示。

2. 压缩行程

活塞在曲轴的带动下，从下止点向上止点运动。进、排气门均关闭，活塞上腔容积不断减小，混合气被压缩，至活塞到达上止点时，压缩行程结束。气体压力和温度同时升高，混合气进一步混合，形成可燃混合气，如图 1-2-7（b）所示。

3. 做功行程

压缩行程末，火花塞产生电火花，点燃气缸内的可燃混合气，并迅速着火燃烧，气体产生高温、高压，推动活塞由上止点向下止点运动，再通过连杆驱动曲轴旋转向外输出做功，如图 1-2-7（c）所示。

4. 排气行程

在做功行程终了时，排气门被打开，活塞在曲轴的带动下由下止点向上止点运动。废气在自身的剩余压力和活塞的驱赶作用下，自排气门排出气缸，至活塞运动到上止点时，排气门关闭，排气行程结束，如图 1-2-7（d）所示。

综上所述，在发动机完成一个工作循环的过程中，只有做功冲程是活塞带动曲轴转动，其他三个冲程都是曲轴带动活塞运动。在整个循环过程中，进气门、排气门各开启一次。一个工作循环曲轴旋转 720°，活塞上、下运动四次。

三、发动机总体构造与型号编制规则

（一）发动机总体构造

发动机由成百上千个零部件组成，其结构特点各异，但总体结构并无较大改变。城市公交车用发动机总体由曲柄连杆机构、配气机构、燃料供给系统、冷却系统、润滑系统、起动系统、点火系统等组成，如图 1-2-8 所示。

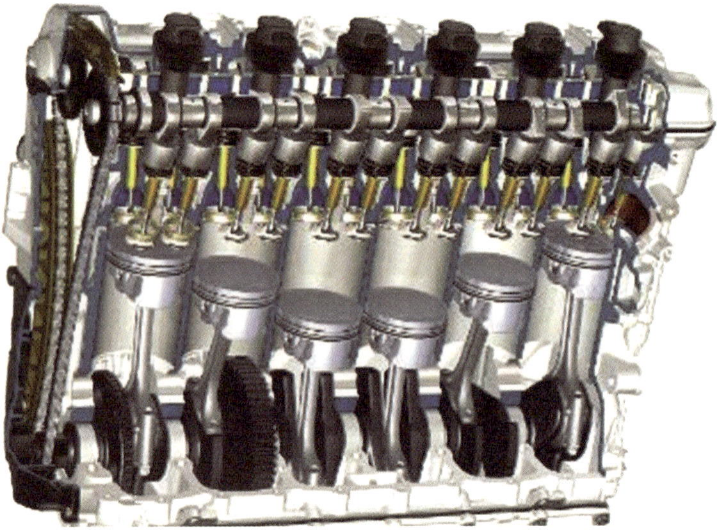

图 1-2-8　发动机总体结构

1. 曲柄连杆机构

曲柄连杆机构是发动机借以产生动力，并将活塞的往复直线运动转变为曲轴的旋转运动而输出动力的机构。

曲柄连杆机构主要由机体组、活塞连杆组和曲轴飞轮组组成，如图 1-2-9 所示。

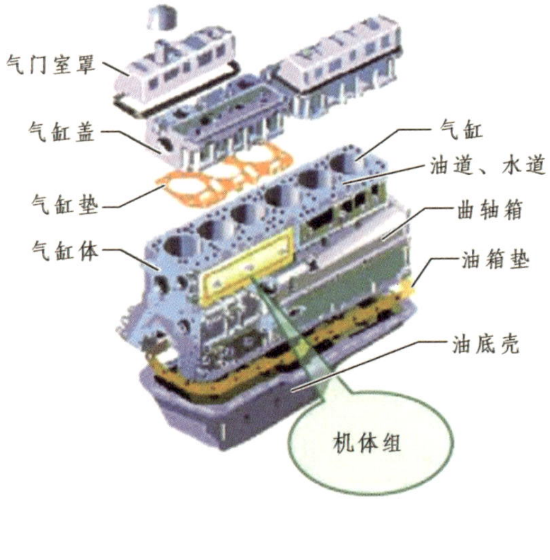

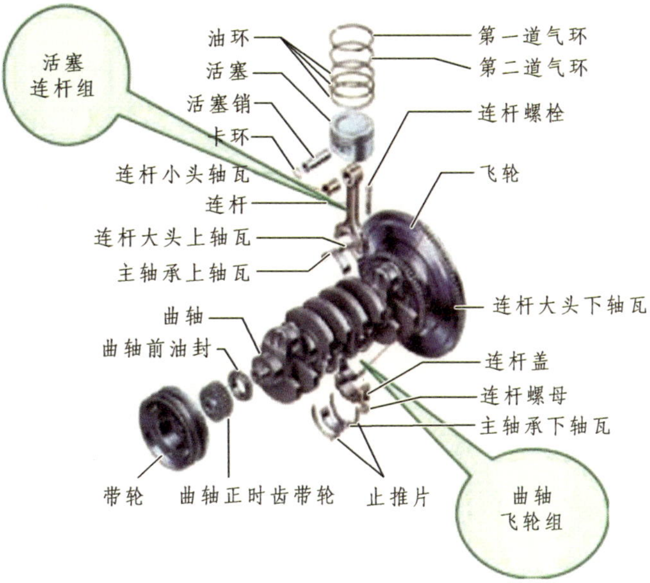

图 1-2-9　曲柄连杆机构

2. 配气机构

配气机构的功用是根据发动机的工作需要，适时地打开进气门或排气门，使可燃混合气及时地充入气缸，或使废气及时地从气缸内排出；而在发动机不需要进气或排气时，则利用气门将进气通道或排气通道关闭，以保持气缸密封。

配气机构主要由气门组和气门传动组组成，如图 1-2-10 所示。

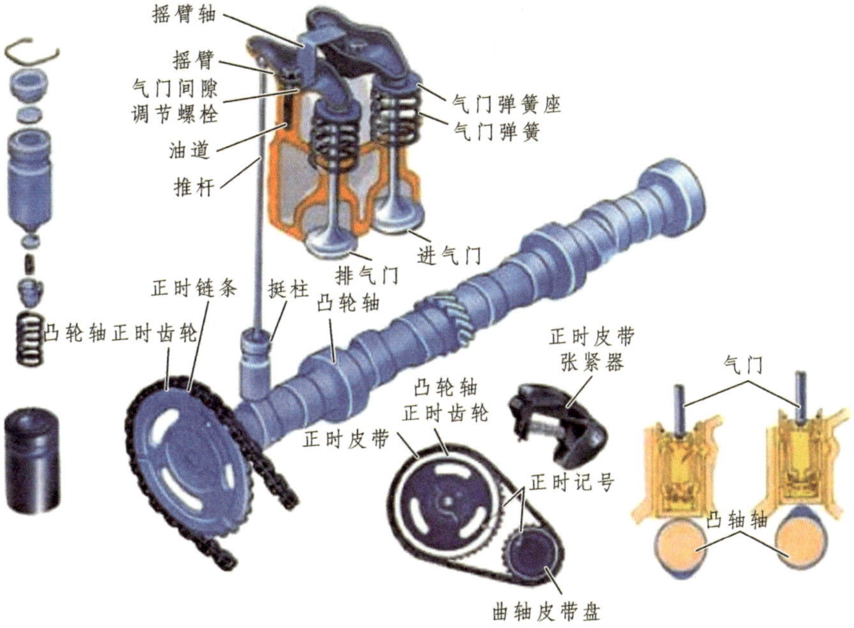

图 1-2-10　配气机构

3. 燃料供给系统

城市公交车发动机燃料供给系统的功用是向气缸内供给已配好的可燃混合气，并控制进入气缸内的可燃混合气的数量，以调节发动机的输出功率和转速，最后将燃烧后的废气排出气缸。

CNG发动机燃料供给系统由高压燃料切断阀、高压减压器、低压电磁阀、电控高压器（EPR阀）、混合器和电子节气门等组成，如图1-2-11所示。

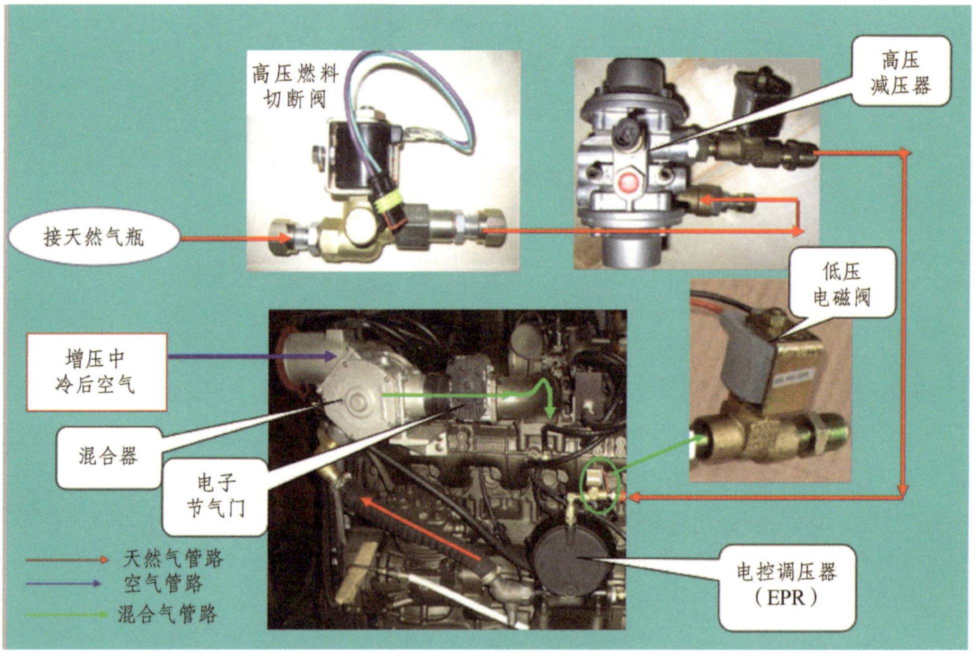

图1-2-11 燃料供给系统

4. 冷却系统

冷却系统的功用是利用冷却介质冷却高温零件，并通过散热器将热量散发到大气中，以保证发动机在最适宜的温度范围内工作。

冷却系统主要由水泵、散热器（水箱）、风扇、节温器、水套等组成，如图1-2-12所示。

5. 润滑系统

润滑系统的功用是将清洁的润滑油分送至各摩擦表面，以减小摩擦和磨损，并清洗、冷却摩擦表面，从而延长发动机的使用寿命。

润滑系统主要由机油泵、机油滤清器、集滤器、限压阀、润滑油道、油底壳等组成，如图1-2-13所示。

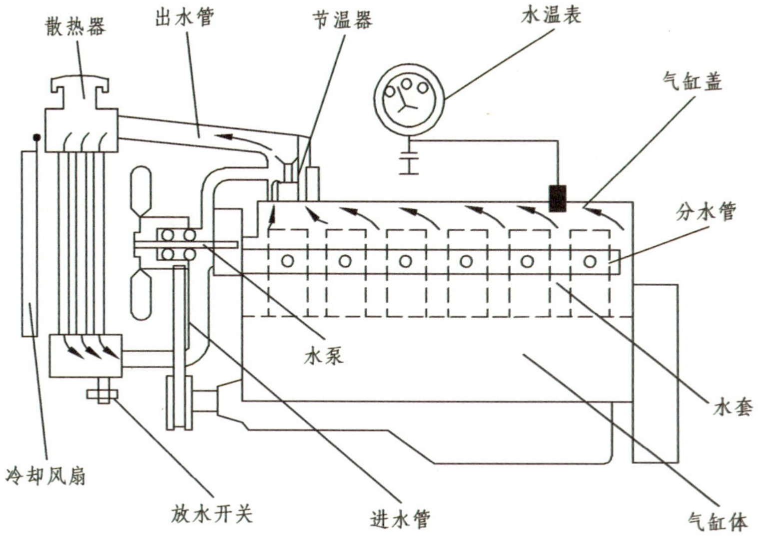

图 1-2-12　发动机冷却系统

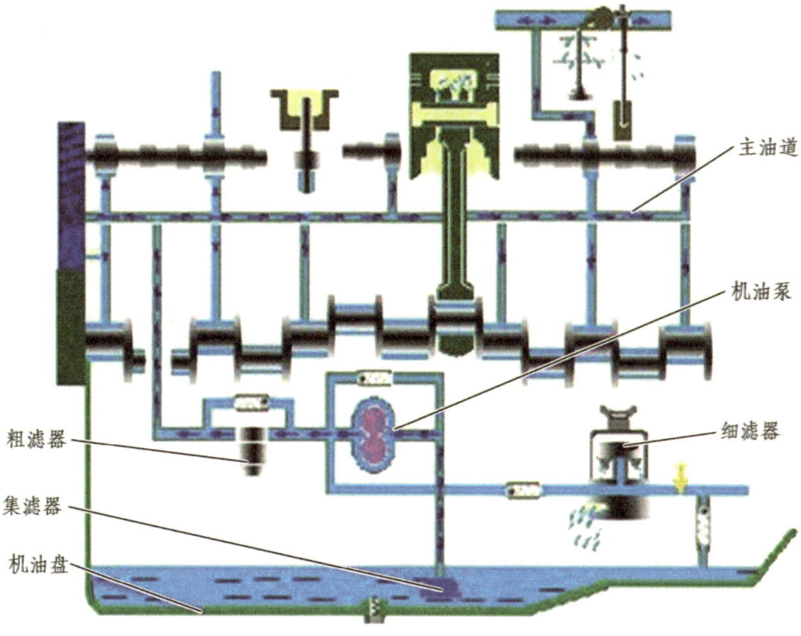

图 1-2-13　润滑系统

6. 点火系统

城市公交车用发动机同样需要点火系统引燃可燃混合气。点火系统的作用是将汽车电源供给的低压电转变为高压电，并按照发动机的做功顺序与点火时间的要求，适时、准确地配送给各缸的火花塞，在其间隙处产生电火花，点燃气缸内的可燃混合气。

点火系统主要由电源（蓄电池和发电机）、点火开关、点火线圈、火花塞等组成，如图 1-2-14 所示。

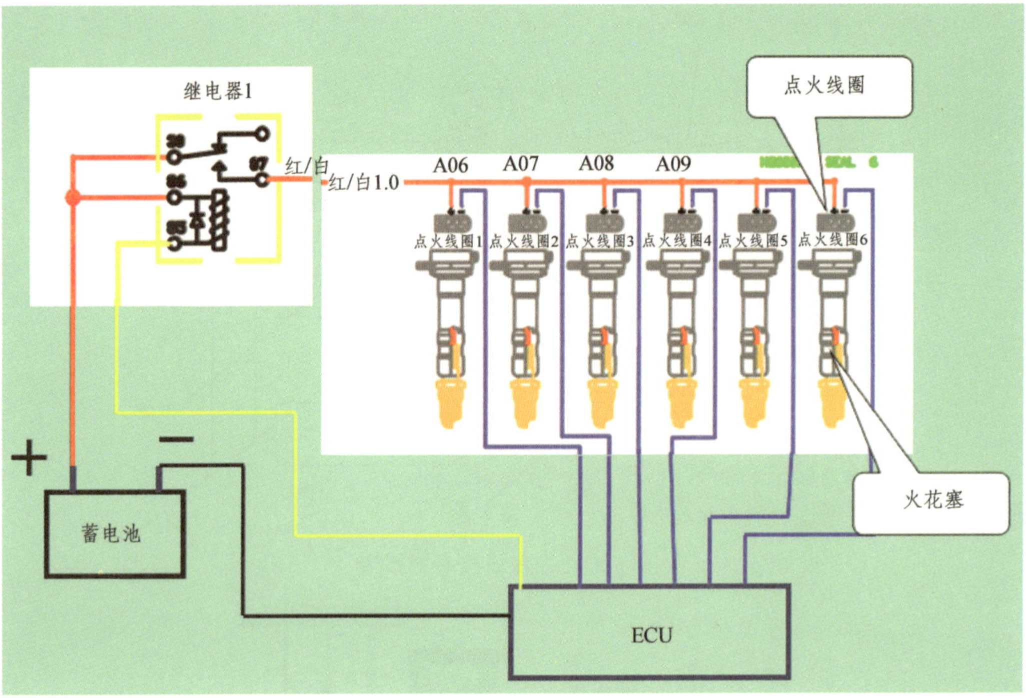

图 1-2-14　点火系统

7. 起动系统

发动机必须依靠外力带动曲轴旋转后，才能进入正常工作状态，通常把汽车发动机在外力作用下，开始转动怠速运转的全过程，称为发动机的起动。起动系统是通过起动机将蓄电池的电能转换成机械能，起动发动机运转。

起动系统主要由起动机及其附属装置组成，如图 1-2-15 所示。

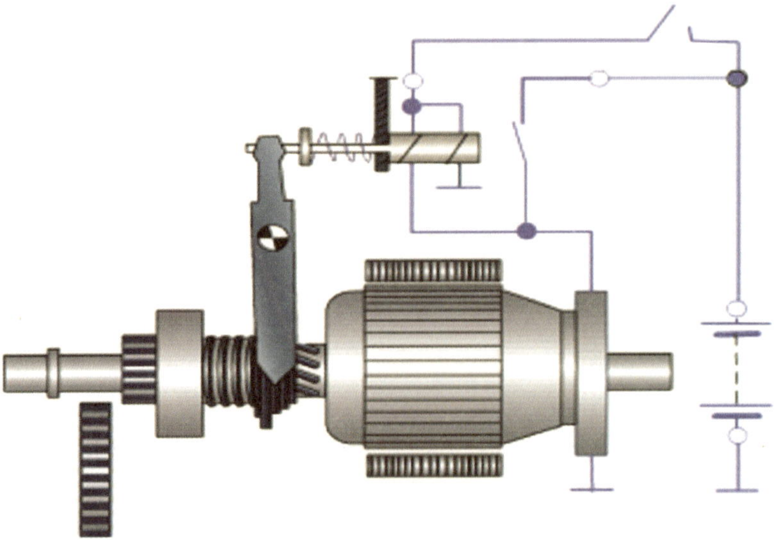

图 1-2-15　起动系统

（二）国产发动机型号编制规则

汽车发动机产品名称均按所采用的燃料命名，如汽油机、柴油机、天然气机等。其型号由四部分组成，分别用阿拉伯数字（以下简称数字）、汉语拼音字母或国际通用的英文缩略字母（以下简称字母）表示，如图 1-2-16 所示。

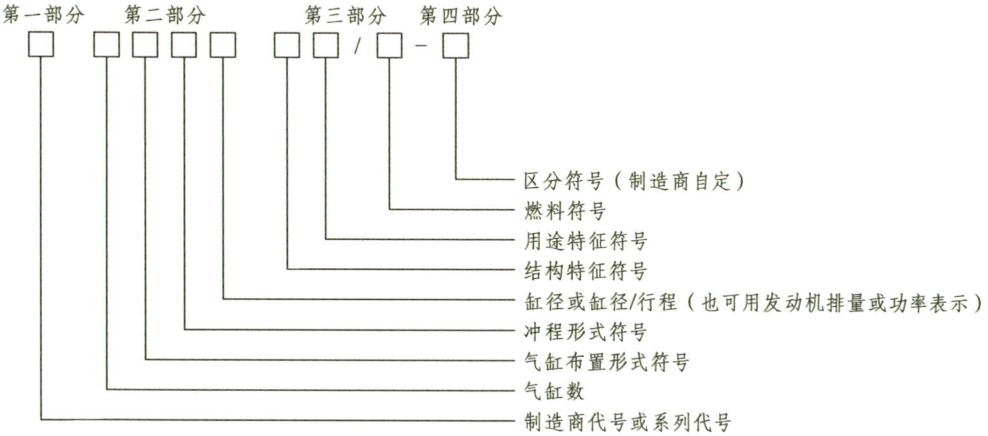

图 1-2-16　国产发动机型号

一、实施准备

（一）任务名称

城市公交车辆总体结构认知。

（二）资源要求

（1）根据工位数量将学生分组，每小组 6 人分工协作操作。

（2）做好实训设备安全防护工作，做好现场 5S 工作。

（3）操作设备及资料清单（见表 1-2-1）。

表 1-2-1　操作设备及资料清单

序号	名　称	型　号	数量
1	城市公交车发动机实训台	CK6106	5
2	城市公交客车使用手册	CK6106	5
3	任务工单		1 份/人

二、任务执行

在教师的带领下对城市公交车发动机总体结构进行认知，根据任务书填写各零部件、总成的名称。

考核评价

考核评价见表 1-2-2。

表 1-2-2　任务实施评价表

考核项目	评价标准	评价方式			得分
认知流程图是否完成	根据需要进行试车验证（40%）	自评	互评	教师评价	
认知计划是否合理	按照计划顺利实施任务（20%）				
任务书填写是否规范	认知过程规范，任务书填写清晰、正确（20%）				
现场 5S 工作情况	工具整理、现场清扫等（20%）				

课后拓展

（1）发动机有哪些类型？请指明实训车辆发动机的类型。

（2）发动机的总体构造有哪些？

任务三　城市公交车发动机常见维修工具的使用

学习目标

（1）熟练认知汽车维修常见工具。

（2）掌握汽车维修常见工具的正确使用。

情境导入

小明已经通过城市公交车驾照交规理论的考试，准备上车练习，假设你是教练，为他讲解上车前车辆日常维护所需的相关知识。

知识准备

汽车维修是汽车维护和汽车修理的总称。汽车维护是指定期对汽车相关部分进行检查、清洁、补给、润滑、调整或更换某些零件的预防性工作。维护过程中不可避免地需要使用相应工具。

汽车维修工具主要分为维修通用工具及维修检测工具。通用工具主要包括扳手、旋具、钳子、电动及气动工具等，如图 1-3-1（a）所示。

汽车维修检测工具主要包括万用表、百分表、千分尺、汽车电控系统故障测试仪、四轮定位仪、示波器等，如图 1-3-1（b）所示。

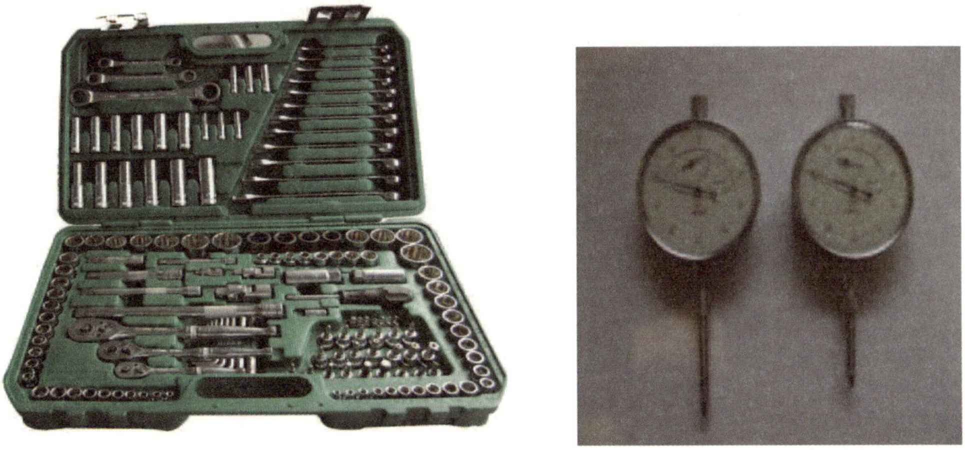

（a）维修通用工具　　（b）维修检测工具

图 1-3-1　汽车维修工具

一、汽车维修通用工具

（一）扳手的使用

扳手种类繁多，汽车维修常用扳手主要有开口扳手、梅花扳手、套筒扳手、活动扳手、扭力扳手等。

1. 开口扳手

开口扳手是最常见的一种扳手，又称为呆扳手。其开口中心平面和本体中心平面呈 15°角，这样既适应人手的操作方向，又可降低对操作空间的要求，如图 1-3-2 所示。开口扳手通常成套装备，有 8 件、10 件一套等。

（a）单头扳手　　（b）双头扳手

图 1-3-2　开口扳手

开口扳手开口是和螺钉头、螺母尺寸相适应的，在使用开口扳手时，应选择合适的尺寸型号，如果使用不当，容易使螺栓或螺母的棱角损坏，如图 1-3-3 所示。

图 1-3-3　开口扳手的使用

2. 梅花扳手

梅花扳手两端是环状的，环的内孔由两个正六边形互相同心错转 30°而成。使用时扳动 30°后，即可换位再套，因而适用于狭窄场合下操作，如图 1-3-4 所示。与开口扳手相比，梅花扳手强度高，使用时不易滑脱，但套上、取下不方便。梅花扳手通常成套装备，有 8 件、10 件一套等。

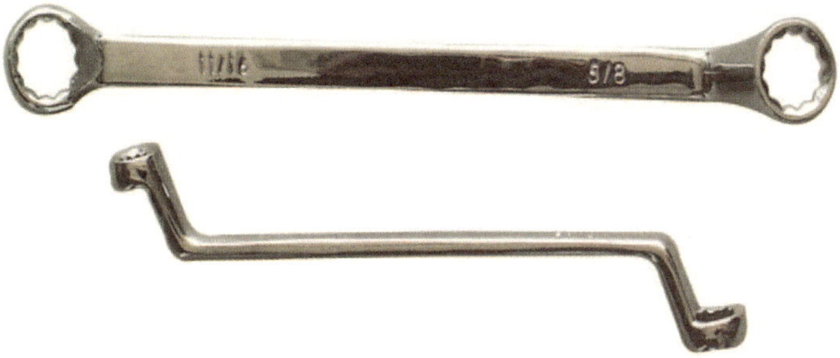

图 1-3-4　梅花扳手

使用开口扳手和梅花扳手时，大拇指抵住扳头，另外四指握紧扳手柄部往身边拉，切不可向外推，扳手的平面一定要和螺帽平行且用力适度；在使用扳手遇到有过紧的螺栓或螺母时，不可用力过猛；注意运动的方向没有尖锐的物体，以防螺栓突然松脱，手撞到尖锐物体而受伤；使用时，不准在扳手上任意加套管或锤击，不能将扳手当撬棍使用。

3. 套筒扳手

套筒扳手由一套尺寸不等的梅花筒组成，材料、环孔形状与梅花扳手相同，如图 1-3-5 所示。使用时，用弓形的手柄连续转动，工作效率较高。套筒扳手适用于拆装位置狭窄或需要一定扭矩的螺栓或螺母，螺帽的棱角不易被损坏，特别适用于空间较小的地方。

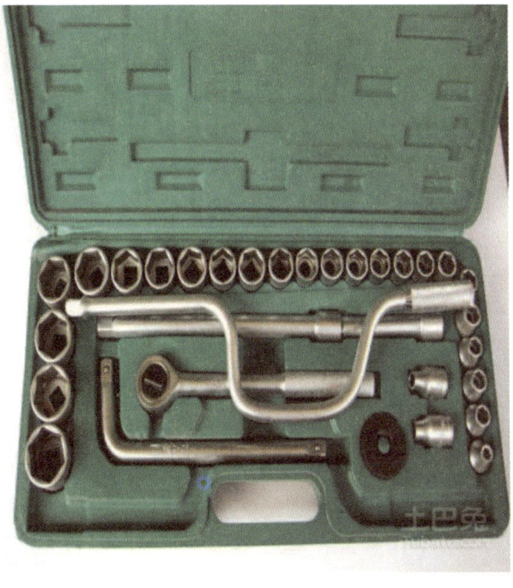

图 1-3-5　套筒扳手

使用套筒扳手时，根据螺栓螺母的尺寸选好套筒，套在快速摇柄的方形端头上（视需要与长接杆或短接杆配合使用），再将套筒套住螺栓螺母，转动快速摇柄进行拆装；用棘轮手柄扳转时，不准拆装过紧的螺栓螺母，以免损坏棘轮手柄；拆装时，握快速摇柄的手切勿摇晃，以免套筒滑出或损坏螺栓螺母的六角；禁止用锤子将套筒击入变形的螺栓螺母的六角进行拆装，以免损坏套筒；禁止使用内孔磨损过甚的套筒；工具使用完毕，应清洗油污，妥善放置。

4. 活动扳手

活动扳手开口尺寸能在一定范围内任意调整，使用场合与开口扳手相同，但活动扳手操作起来不太灵活，如图 1-3-6 所示。

活动扳手使用时右手握手柄，手越靠后，扳动越省力。扳动小螺母时，因需要不断地转动蜗轮调节开口的大小，所以手应握在靠近呆扳唇，并用大拇指调制蜗轮，以适应螺母的大小。活动扳手的扳口夹持螺母时，呆扳唇在上，活扳唇在下，切不可反过来使用，如图 1-3-7 所示。

图 1-3-6　活动扳手

图 1-3-7　活动扳手的使用

5. 扭力扳手

扭力扳手有一根长的弹性杆，其一端装着手柄，另一端装有方头或六角头，在方头或六角头套装一个可换的套筒，用钢珠卡住，如图 1-3-8 所示。扭力扳手可读出所施扭矩的大小，当要求一定数值的旋紧力，或几个螺母（或螺钉）需要相同的旋紧力时，则需使用扭力扳手。扭力扳手除用来控制螺纹件旋紧力矩外，还可以用来测量旋转件的启动转矩，以检查配合、装配情况。

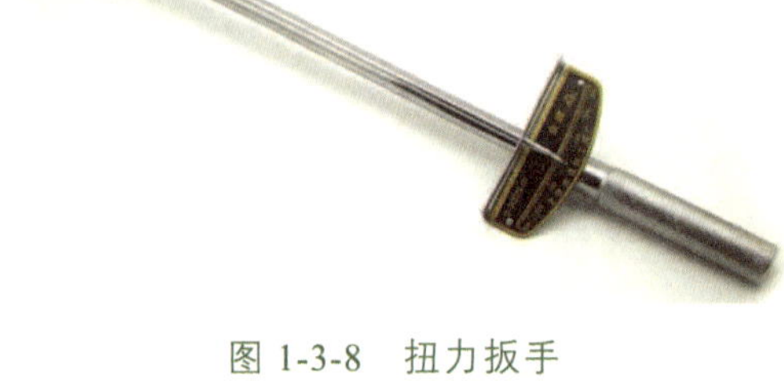

图 1-3-8　扭力扳手

在使用扭力扳手时，应注意以下几点：

（1）拆装时用左手把住套筒，右手握紧扭力扳手手柄往身边扳转。禁止往外推，以免滑脱而损伤身体。

（2）对于要求拧紧力矩较大，且工件较大、螺栓数较多的螺栓螺母，应分次按一定顺序拧紧。

（3）拧紧螺栓螺母时，不能用力过猛，以免损坏螺纹。

（4）禁止使用无刻度盘或刻度线不清的扭力扳手。

（5）拆装时，禁止在扭力扳手的手柄上再加套管或用锤子锤击。

（6）扭力扳手使用后应擦净油污，妥善放置。

（7）预调式扭力扳手使用前应做好调校工作，用后应将预紧力矩调到零位。

各类扳手的选用原则，一般优先选用套筒扳手，其次为梅花扳手，再次为开口扳手，最后选活动扳手。

（二）旋具的使用

旋具俗称“螺丝刀”或“起子”，常见的旋具分为“十”字、“一”字两种，其主要作用是将螺丝刀的十字头或一字头插入螺丝槽内，旋动手柄使螺丝松动。

1.“一”字形旋具

“一”字形旋具主要用于旋紧或松开头部开一字槽的螺钉。“一字”形旋具由手柄、刀体和刃口组成，如图 1-3-9 所示。其工作部分用碳素工具钢制成，并经淬火处理，其规格以刀体部分的长度来表示。

2.“十”字槽旋具

“十”字槽旋具用于旋紧或松开头部带十字沟槽的螺钉，材料规格与“一字”形旋具相同，如图 1-3-10 所示。

图 1-3-9　“一”字形旋具

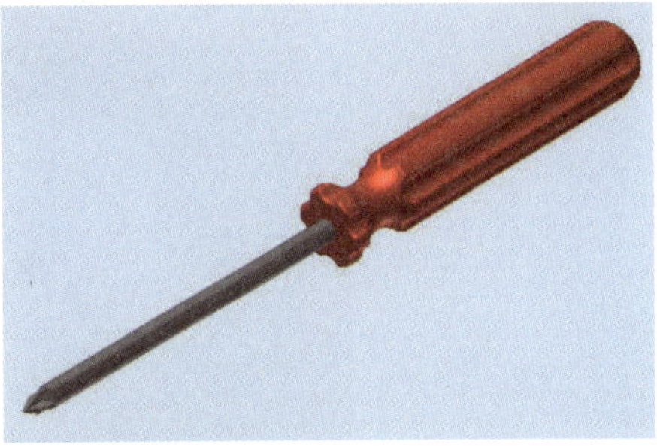

图 1-3-10　“十”字槽旋具

使用旋具时，旋具头部一定要确实嵌入螺帽的槽中，扭动旋具时，旋具中心线一定要与螺栓的中心线在一条轴线上；使用时，除施加扭力外，还应施加适当的轴向力，以防滑脱损坏零件。旋具型号规格的选择应以沟槽的宽度为原则。

（三）钳　子

钳子用于夹紧、固定、弯曲或切断材料，如图 1-3-11 所示。钳子固定夹紧材料有力，切断材料容易。汽车维修中常用的钳子主要有鲤鱼钳、钢丝钳、尖嘴钳、弯嘴钳等。在准备使用时，应尽量选择稍大一点的钳子比较好用。

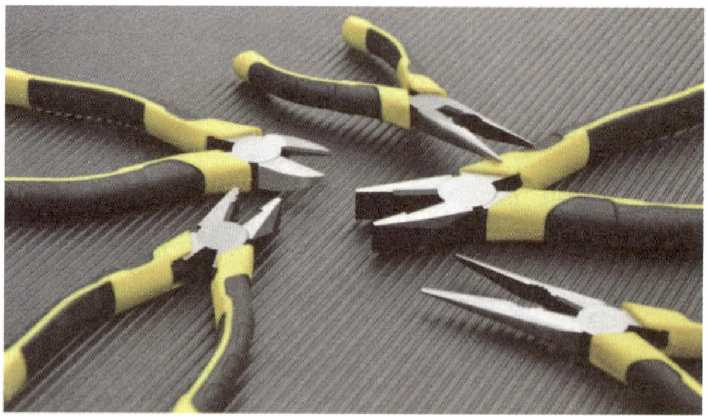

图 1-3-11　钳子

二、汽车常见检测设备的使用

（一）内径百分表的使用

百分表是一种精度较高的量具，如图 1-3-12 所示。其主要用于测量形状和位置误差，也可用于机床上安装工件时的精密找正。它只能测出相对数值，不能测出绝对数值。百分表的读数准确度为 0.01 mm。

图 1-3-12　百分表

内径百分表又称为量缸表，如图 1-3-13 所示。它是将测头的直线位移变为指针的角位移的量具，用比较测量法完成测量，用于不同孔径的尺寸及形状误差的测量。

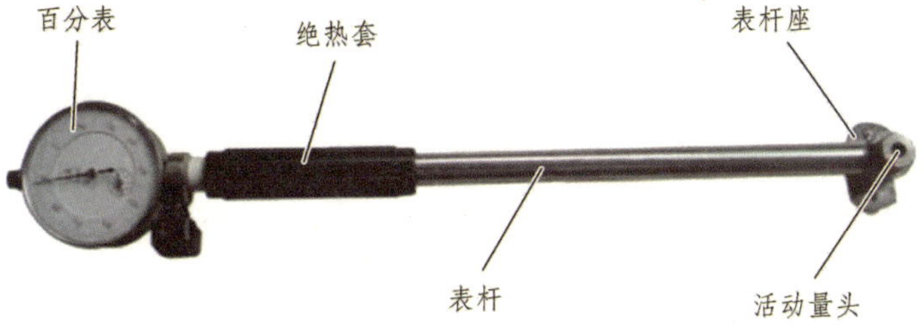

图 1-3-13　内径百分表

内径百分表表头即一般百分表，表架的测头端部有可换测头，另一端为量杆。测量内孔时，孔壁使量杆向左移动，推动摆块。摆块将杆向上推，从而推动百分表测杆，便可读出测量值。测量完毕，在弹簧的作用下量杆复位。

测量时，活动测头的移动使杠杆回转，通过传动杆推动百分表的测量杆，使百分表指针回转。由于杠杆是等臂的，百分表测量杆、传动杆及活动测头三者的移动量是相同的，所以，活动测头的移动量可以在百分表上读出来。百分表测量读数加上零位尺寸即为测量数值。

（二）数字式万用表

万用表是汽车电器的诊断工具，利用模拟、数字万用表检测汽车系统。目前，汽车检测中广泛采用数字式万用表，它是一种新型的电工测量工具，具有很高的灵敏度和准确度，显示清晰直观，功能齐全，性能稳定，如图 1-3-14 所示。

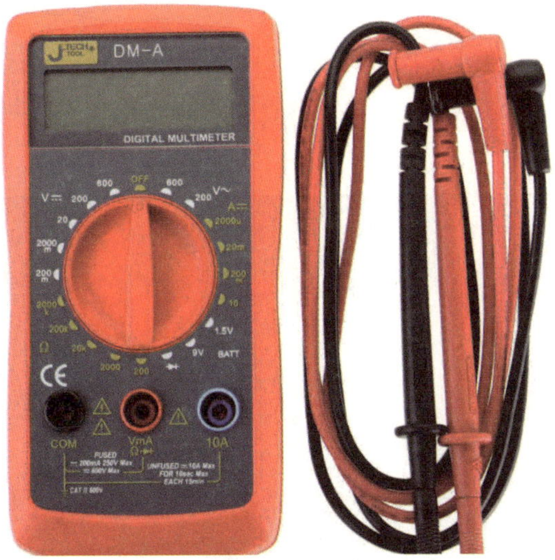

图 1-3-14　数字式万用表

1. 电压的测量

先区分交、直流电，六个挡上的数字代表这六个挡所能测量的最大电压值。将挡位置于电压测量挡，红、黑表笔接在被测设备两端，如图 1-3-15 所示。具体方法如下：

（1）表笔插到相应的孔内。

（2）估算电压大小，选择相应的挡位。

（3）将红色线连接被测元件正极，黑色线连接被测元件负极。

（4）读取相应数值。

图 1-3-15　数字式万用表测量电压

如果不知道被测电压范围，将功能开关置于最大量程上并逐渐降低量程（注意：不能在测量中改变量程）。如果显示器只显示“1”，则表示超过量程范围，功能开关应置于更高量程。

2. 电流的测量

先区分交、直流电，四个挡上的数字代表这四个挡所能流过的最大电流值。将挡位置于电流测量挡，被测电流从红、黑表笔两端接入，如图 1-3-16 所示。具体方法如下：

（1）表笔插到相应的孔内。

图 1-3-16　数字式万用表测量电流

（2）估算电流大小，选择相应的挡位。

（3）测量时与被测量设备串联，将红色线连接被测元件正极，黑色线连接被测元件负极。

（4）读取相应数值。

3. 电阻的测量

将挡位置于电阻测量挡，红、黑表笔接在被测设备（电阻）两端，如图 1-3-17 所示。具体方法如下：

（1）表笔插到相应的孔内。

（2）估算电阻大小，选择相应的挡位。

（3）测量时与被测量设备并联，设备断电测量，测量受其他设备影响时，设备要脱离电路测量。

（4）读取相应数值。

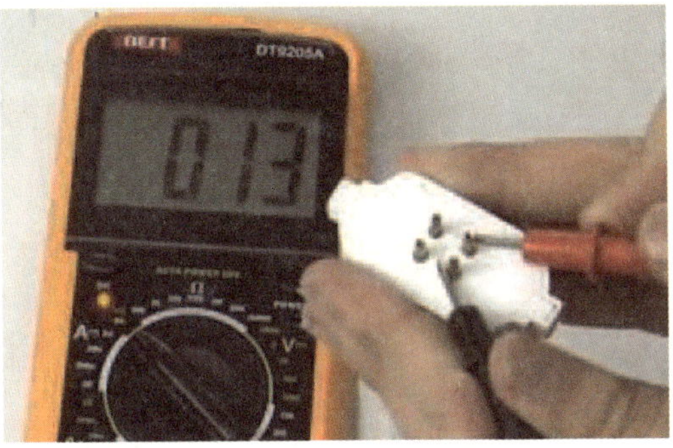

图 1-3-17　数字式万用表测量电阻

数字式万用表在使用过程中应注意以下几点：

（1）在测量电流、电压时，不能带电换量程。在选择量程时，要先选大的，后选小的，尽量使被测值接近量程。

（2）测量电阻时，不能带电测量。因为测量电阻时，万用表由内部电池供电，如果带电测量，则相当于接入一个额外的电源，可能损坏万用表。

（3）使用完毕后，应关闭电源。

（三）外径千分尺的使用

外径千分尺常简称为千分尺，是一种精密的长度测量仪器，其测量精度为 0.01 mm，按其量程一般有 0 ~ 25 mm、25 ~ 50 mm、50 ~ 75 mm 等，如图 1-3-18 所示。

根据螺旋运动原理，当微分筒旋转一周时，测微螺杆前进或后退一个螺距，即 0.5 mm。当微分筒旋转一个分度后，即转过了 1/50 周，这时螺杆沿轴线移动了 1/50 × 0.5 mm = 0.01 mm，因此使用千分尺可以准确读出 0.01 mm 的数值。被测工件的尺寸=副尺所指的主尺整数+主尺中线所指的副尺的格数 × 0.01 mm。

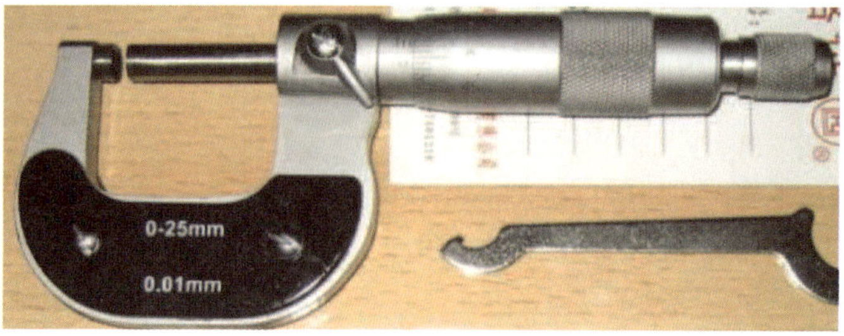

图 1-3-18　外径千分尺

任务实施

一、实施准备

（一）任务名称

用数字式万用表测量蓄电池电压及点火线圈电阻。

（二）资源要求

（1）根据工位数量将学生分组，每小组 6 人分工协作操作。
（2）做好蓄电池安全防护工作，做好现场 5S 工作。
（3）操作设备及资料清单（见表 1-3-1）。

表 1-3-1　操作设备及资料清单

序号	名　称	型　号	数量
1	城市公交车用蓄电池		5
2	城市公交车用点火线圈		5
3	数字式万用表		5
4	工作车型维修手册		5
5	任务工单		1 份/人

二、任务执行

1. 利用数字式万用表测量 CNG 蓄电池电压

（1）将红表笔插入“VΩ”孔，黑表笔插入“COM”孔，如图 1-3-19 所示。

（2）选择量程，初步估算 CNG 汽车蓄电池电压为直流 12 V，根据估算电压范围，旋钮选择直流 20 V 量程，如图 1-3-20 所示。

图 1-3-19　表笔插孔

图 1-3-20　旋钮选择电压

（3）将红表笔接 CNG 汽车蓄电池“+”端，黑表笔接蓄电池“－”端，读取所测电压值并记录，如图 1-3-21 所示。

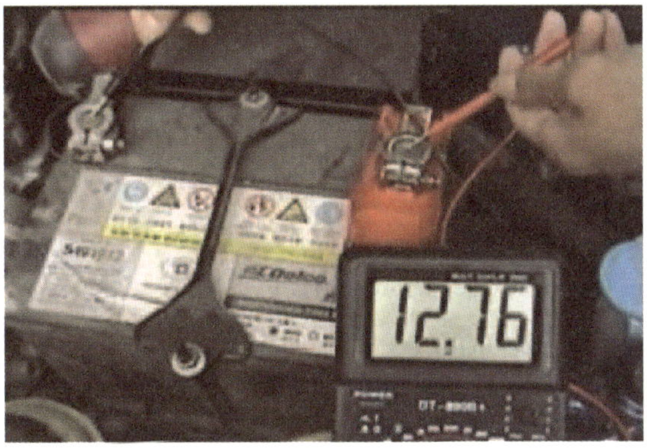

图 1-3-21　蓄电池电压测量

2. 利用数字式万用表测量 CNG 汽车点火线圈电阻

（1）将红表笔插入“VΩ”孔，黑表笔插入“COM”孔，如图 1-3-19 所示。

（2）选择量程，初步估算 CNG 汽车点火线圈为 7.8 kΩ，根据估算电阻范围，旋钮选择直流 20 kΩ 量程，根据阻值范围，把万用表的量程选择开关旋到欧姆挡的合适量程挡上，如图 1-3-22 所示。

（3）然后将两根表笔分别接触被测电阻两端，注意线圈电阻必须与其他元件断开，读取测得的电阻值并记录，如图 1-3-23 所示。

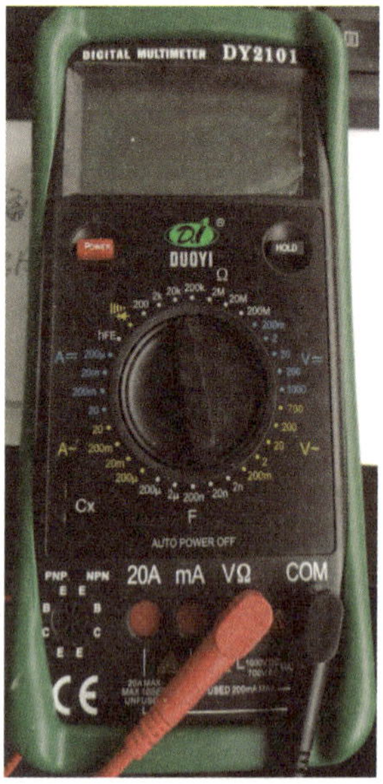

图 1-3-22 电阻测量量程选择

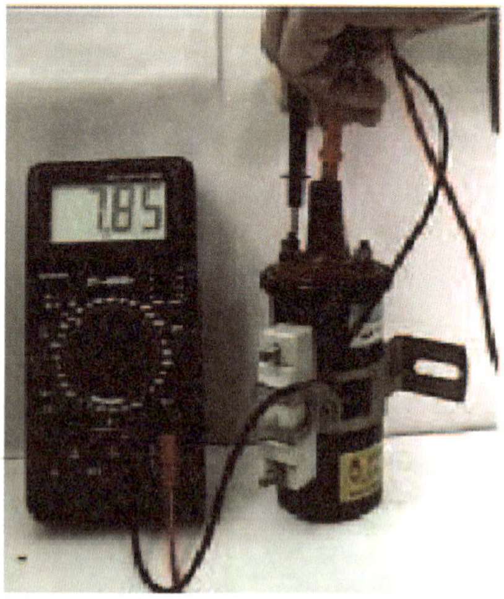

图 1-3-23 点火线圈电阻测量

（4）将实训物品及设备归位，做好现场 5S 工作。

考核评价

实施评价见表 1-3-2。

表 1-3-2 任务实施评价表

检验项目	评价标准	评价方式			得分
测试流程图是否完成	根据需要进行验证（40%）	自评	互评	教师评价	
测试计划是否合理	按照计划顺利检测电压及电阻（20%）				
诊断计划设计是否规范	诊断过程规范、流程清晰（20%）				
现场 5S 工作情况	工具整理、现场清扫等（20%）				

课后拓展

（1）汽车维修常用的工具有哪些？

（2）汽车百分表主要应用在哪些场合？

项 目 二

城市公交车辆发动机机构系统

任务一　曲柄连杆机构的认知与使用

学习目标

（1）熟练认知曲柄连杆机构的各零部件。
（2）掌握曲柄连杆机构各组件的工作原理。
（3）正确使用发动机。

情境导入

小明跟着教练老师上车训练，在启动车辆时听到车辆发动机发出一阵异响。假设你是教练，如何对小明正确使用发动机进行指导。

知识准备

曲柄连杆机构的作用是将气体的压力转变为曲轴的转矩，将活塞的往复运动转变为曲轴的旋转运动，把燃烧作用在活塞顶上的力转变为曲轴的转矩，向工作机械输出机械能。曲柄连杆机构是发动机实现能量转换的核心机构，对发动机的正常工作十分重要。

曲柄连杆机构主要由机体组、活塞连杆组、曲轴飞轮组三大组件构成，如图 2-1-1 所示。

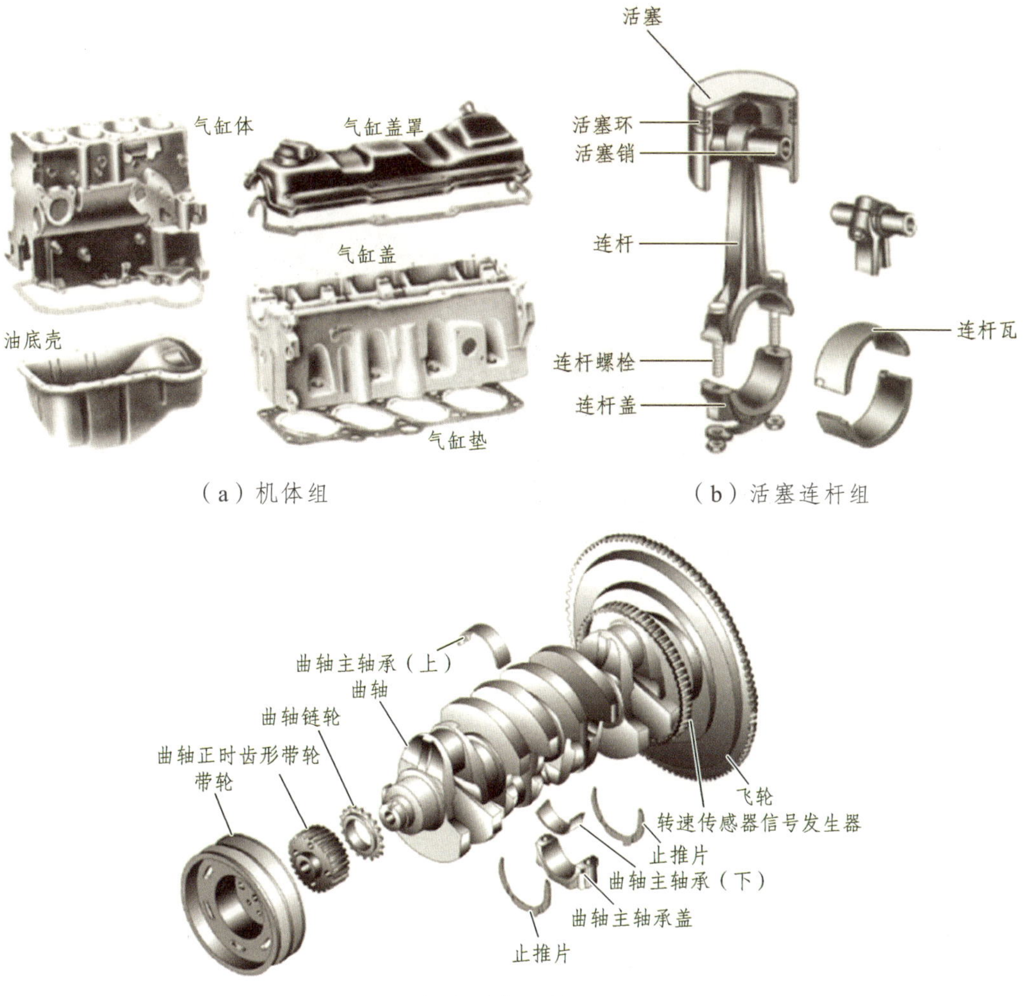

（a）机体组　　（b）活塞连杆组

（c）曲轴飞轮组

图 2-1-1　发动机曲柄连杆机构的组成

机体组：由气缸盖罩、气缸盖、气缸垫、气缸体、曲轴箱及油底壳、气缸套等组成。

活塞连杆组：由活塞、活塞环、活塞销、连杆等组成。

曲轴飞轮组：由曲轴、飞轮、扭转减振器、平衡轴等组成。

发动机工作时，曲柄连杆机构直接与高温高压气体接触，曲轴的旋转速度又很高，活塞往复运动的线速度相当大。同时，它与可燃混合气和燃烧废气接触，还受到化学腐蚀作用，并且润滑困难。可见，曲柄连杆机构的工作条件相当恶劣，要承受高温、高压和化学腐蚀作用。

一、机体组

机体组是发动机的支架，是曲柄连杆机构、配气机构和发动机各系统主要零部件的装配基体。气缸盖用来封闭气缸顶部，并与活塞顶和气缸壁一起形成燃烧室。另外，气缸盖和机体内的水套和油道以及油底壳又分别是冷却系统和润滑系统的组成部分。

1. 气缸盖

气缸盖的功用是用来封闭气缸的上部，并与活塞顶部和气缸壁共同构成燃烧室。其结构形式有整体式和分开式两种，如图 2-1-2 所示。

（a）整体式气缸盖

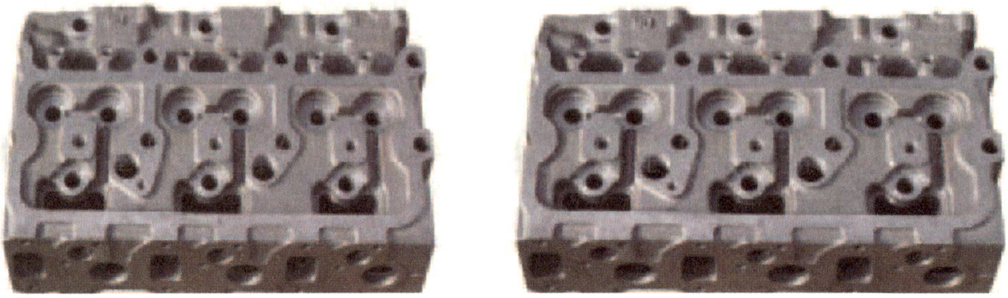

（b）分体式气缸盖

图 2-1-2　气缸盖的结构形式

气缸盖安装在气缸体的上面，它经常与高温高压燃气相接触，因此承受很大的热负荷和机械负荷。水冷发动机的气缸盖内部制有冷却水套，缸盖下端面的冷却水孔与缸体的冷却水孔相通，利用循环水来冷却燃烧室等高温部分。

气缸盖上装有进、排气门座，气门导管孔，用于安装进、排气门，同时气缸盖上还有进气通道和排气通道等。城市公交车用发动机与汽油机的气缸盖上加工有安装火花塞的孔，而柴油机的气缸盖上加工有安装喷油器的孔。顶置凸轮轴式发动机的气缸盖上还加工有凸轮轴轴承孔，用以安装凸轮轴。

2. 气缸体

气缸体是发动机各个机构和系统的装配基体，并由它来保持发动机各运动件相互之间的准确位置关系。城市公交车用发动机气缸体一般用高强度灰铸铁或铝合金铸造，在现代轿车发动机上越来越多地采用铝合金气缸体。

气缸体加工有气缸，发动机工作时，活塞在气缸中往复运动，为有效降低维修成本，延长气缸的使用寿命，通常在气缸中加装气缸套。

3. 气缸垫

气缸体与气缸盖间装有气缸垫，用来保证气缸体与气缸盖接合面间的密封，防止气体、冷却液和润滑油等的泄漏。气缸垫有金属-石棉气缸垫和纯金属垫等结构形式，如图 2-1-3 所示。

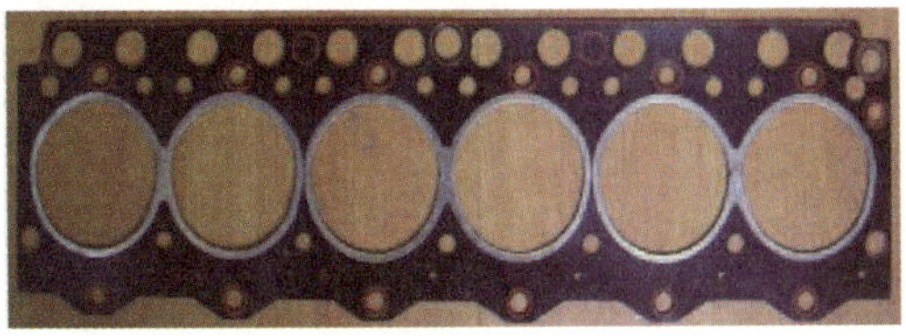

（a）金属-石棉气缸垫

（b）纯金属垫

图 2-1-3　气缸垫

4. 油底壳

油底壳的主要作用是储存机油并密封曲轴箱。油底壳内有稳油挡板、放油螺塞，有的还有磁铁。其通常采用薄钢板冲压而成，如图 2-1-4 所示。

图 2-1-4　油底壳

二、活塞连杆组

活塞连杆组的作用是将活塞的往复运动转变为曲轴的旋转运动，同时将作用于活塞上的力转变为曲轴对外输出的转矩，以驱动汽车车轮转动，其结构组成如图 2-1-5 所示。

1. 活　塞

活塞的主要功用是承受气缸中的燃烧压力，并将此力通过活塞销和连杆传给曲轴。此外，活塞还与气缸盖、气缸壁共同组成燃烧室。

活塞由活塞顶部、活塞头部和活塞裙部三部分组成，如图 2-1-6 所示。

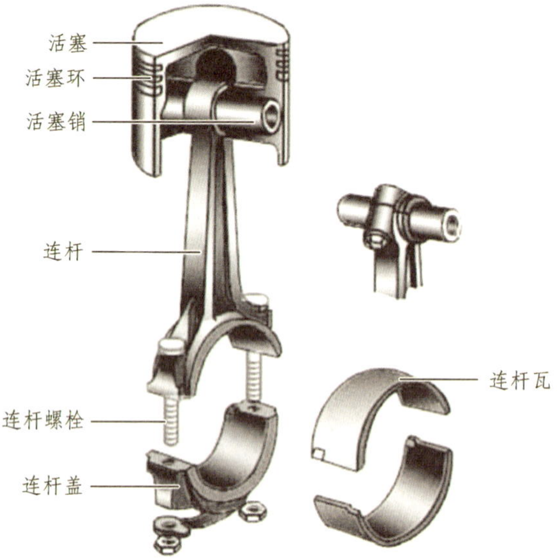

图 2-1-5　活塞连杆组的结构组成

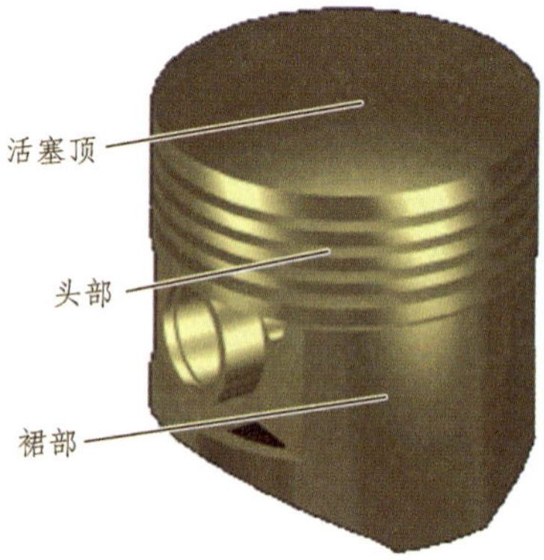

图 2-1-6　活塞的组成

活塞顶部是燃烧室的组成部分，其形状与选用的燃烧室的形式有关。汽油机活塞顶有平顶、凹顶和凸顶等形式。

活塞头部是指活塞顶至最下面一道活塞环槽之间的部分，其作用是承受气体压力、防止漏气、将热量通过活塞环传递给气缸壁。活塞头部切有若干环槽，用以安装活塞环。上面的 2 ~ 3 道槽用来安装气环，下面的一道槽用来安装油环。油环槽的底部钻有若干小孔，以使油环从气缸壁上刮下的多余润滑油经此流回油底壳。

活塞环槽以下的所有部分称为活塞裙部，其作用是引导活塞在气缸中做往复运动，并承受侧压力。考虑轻量化和防止热膨胀，有些活塞裙部开了细长的一字形、T 形或 U 形槽，热膨胀的时候这些槽会变窄。

城市公交车用发动机活塞广泛采用铝合金。其具有质量小（为铸铁活塞的 50% ~ 70%）、导热性好（约为铸铁的 3 倍）、热膨胀系数大等特点。

2. 活塞环

活塞环包括气环和油环两种，如图 2-1-7 所示。

（1）气环又称为压缩环，其作用是保证活塞与气缸壁间的密封，防止气缸中的高温、高压燃气大量漏入曲轴箱，同时它还将活塞头的热量传导给气缸壁。一般发动机上每个活塞装有 2 ~ 3 道气环。

（2）油环的作用是刮除气缸壁上多余的机油，并在气缸壁上布油。通常发动机的每个活塞装有 1 道油环，也有个别发动机活塞在裙部上还装有 1 道油环。

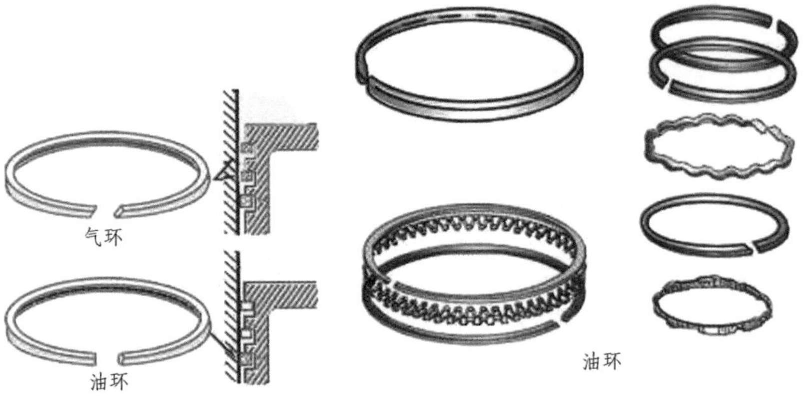

图 2-1-7　活塞环

3. 活塞销

活塞销的功用是连接活塞和连杆小头，将活塞所承受的气体压力传递给连杆。活塞销的连接方式主要有全浮式和半浮式两种，如图 2-1-8 所示。

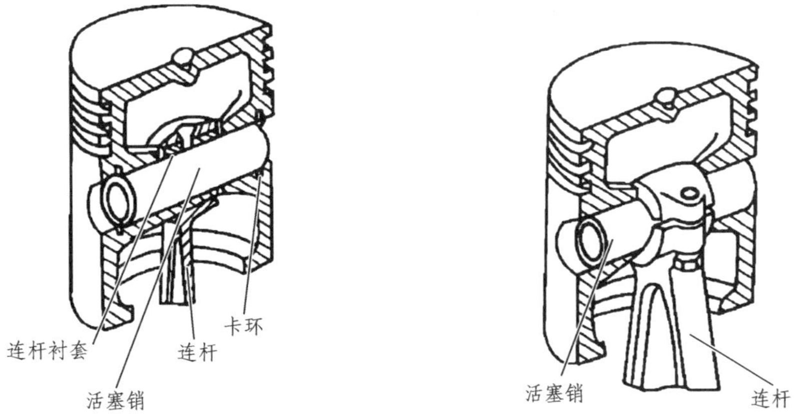

（a）全浮式　　（b）半浮式

图 2-1-8　活塞销的连接方式

全浮式活塞销能在连杆小头衬套孔和活塞销座孔内做自由转动，可以保证活塞销沿圆周磨损均匀，因此应用较普遍。为防止活塞销沿轴向窜动而损坏气缸壁，在活塞销座两端装有弹性卡环来限位。

半浮式活塞销是用螺栓将活塞销夹紧在连杆小头孔内，这时活塞销只在活塞销孔内转动，在连杆小头孔内不转动。因而连杆小头孔内不装衬套，活塞销座孔孔内也不装挡圈。

4. 连杆组

连杆的功用是将活塞承受的力传递给曲轴，推动曲轴转动，将活塞的往复运动转变为曲轴的旋转运动。其主要由连杆、连杆盖、连杆螺栓和连杆轴承等组成，如图 2-1-9 所示。

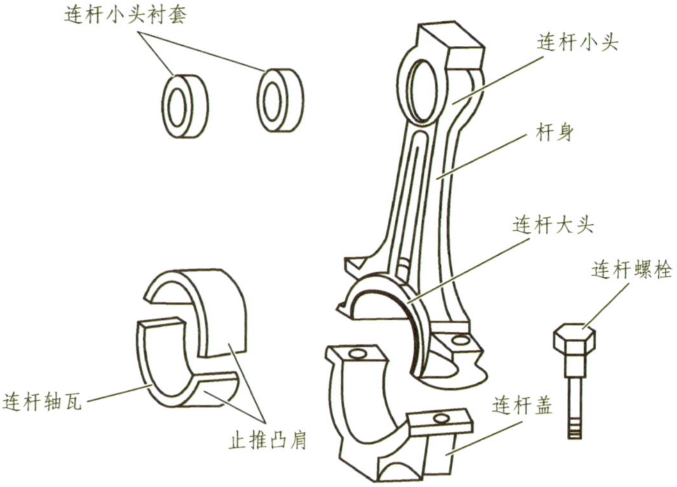

图 2-1-9　连杆组的结构

连杆由连杆小头、杆身和连杆大头三部分组成。连杆小头用来安装活塞销以连接活塞。在全浮式连接的连杆小头孔内压有减磨的青铜衬套或铁基粉末冶金衬套。工作时，活塞销和衬套之间有相对转动，为了保证其间润滑，在连杆小头和衬套上钻有集油孔或铣出集油槽，用于收集发动机运转时被溅上来的机油，以便润滑。有的发动机连杆小头采用压力润滑，在连杆杆身内钻有纵向的压力油道。

三、曲轴飞轮组

城市公交用车发动机曲轴飞轮组的主要功用是将活塞连杆组传来的气体压力转变为扭矩，对外输出动力，驱动车辆行驶。同时，曲轴还用来驱动发动机的配气机构及其他各种辅助装置。其主要由曲轴、飞轮、扭转减振器等组成，如图 2-1-10 所示。

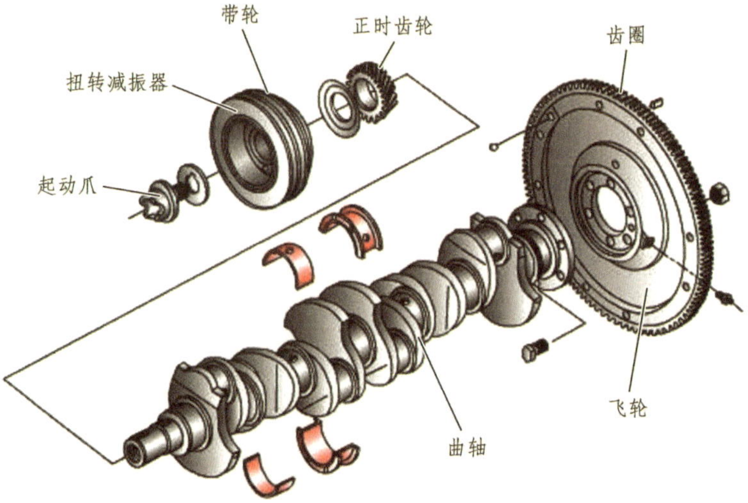

图 2-1-10　曲轴飞轮组的构成

1. 曲　轴

曲轴在周期性变化的气体力、惯性力及其力矩的共同作用下工作，承受弯曲和扭转交变载荷的冲击。同时在发动机工作过程中，其工作表面受到较大摩擦，因此，应具有足够的强度和刚度，工作表面应该耐磨，并且要有足够的润滑条件。其一般由 45、40Cr、35Mn2 等中碳钢和中碳合金钢模锻而成，轴颈表面经高频淬火或氮化处理，最后进行精加工。现代 CNG 新能源客车发动机广泛采用球墨铸铁曲轴，其主要特点是耐磨性能好，轴颈不需硬化处理，便于加工，制造成本低，如图 2-1-11 所示。

图 2-1-11　曲轴的结构

城市公交车用发动机曲轴通常有整体式（常用）与组合式两种结构形式。整体式曲轴：主轴颈、曲柄销和曲柄臂为一体，在生产过程中整体制造，结构简单、质量轻、稳定性好、简化装配、降低成本、锻造复杂、不易拆卸，城市公交车用发动机广泛采用此种形式。组合式曲轴：主轴颈、曲柄销和曲柄臂在生产过程中分别制造，然后组合到一起，方便制造、易于拆卸，一般用于大型低速大功率柴油机。

发动机曲轴主要由前端轴、主轴颈、连杆轴颈、曲柄、后端轴等组成，有些曲轴还加工有平衡重，保证曲轴工作时有良好的平衡性，如图 2-1-12 所示。

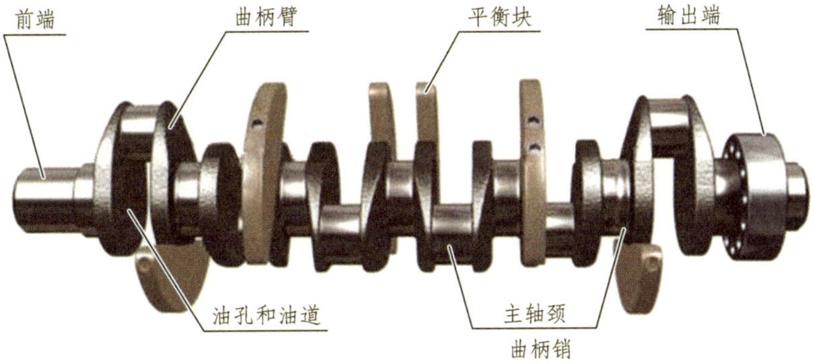

图 2-1-12　发动机曲轴的组成

前轴端装有正时齿轮皮带轮扭转减振器和启动爪等，为防止机油沿曲轴轴颈外漏，一般在正时齿轮前端装一个甩油盘，正时齿轮盖内孔周围还嵌有自紧式油封。当机油溅落在随着曲轴旋转的甩油盘上时，由于离心力的作用，被甩到正时齿轮盖的内壁上，油封挡住机油，使机油沿壁面流回油壳。

后端轴通常制有甩油突缘、回油螺纹和飞轮接合盘。飞轮接合盘用来连接飞轮输出动力。甩油突缘与回油螺纹用来防止机油外漏，从主轴颈间隙流向后端的机油，主要被甩油突缘甩入主轴承座孔后边缘的凹槽内，并经回油孔流向底壳。

曲轴主轴颈用来支撑曲轴，曲轴即绕其中心线旋转。主轴颈支撑于滑动主轴承上，主轴承盖用螺栓与上曲轴箱的主轴承座紧固在一起。主轴承一般开有周向油槽和主油孔，为曲轴旋转时提供压力润滑油。为了使各主轴颈磨损相对均匀，对于受力较大的中部和两端的主轴颈制造得较宽。

连杆轴颈用来安装连杆大头。连杆轴颈通常被制成中空，其目的是为了减轻曲拐旋转部分的质量，以减小离心力。中空的部分还可兼作油道和油腔，为曲轴工作提供压力润滑油。当曲轴旋转时，在曲轴油管机油中的较重的杂质被甩向油腔壁，而洁净的机油则经弯管流向连杆轴向表面，减轻了轴颈的磨损。

一个连杆轴颈和它两端的曲柄以及前后两个主轴颈合在一起称为曲拐，如图 2-1-13 所示。

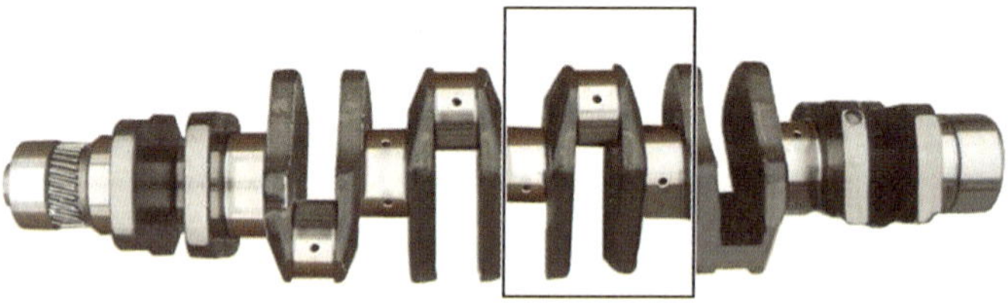

图 2-1-13　曲拐

直列发动机的连杆轴颈数目和气缸数相等。V 形发动机的连杆轴颈数等于气缸数的一半。

为有效防止曲轴在旋转时产生轴向窜动，还必须对曲轴进行轴向定位，考虑到曲轴的工作特点，通常采用一端定位的方式。目前，广泛采用翻边轴瓦或止推片两种定位方法。

2. 飞　轮

图 2-1-14　飞轮

飞轮是一个转动惯量很大的圆盘，如图 2-1-14 所示。其主要作用是将在做功行程中输入曲轴的能量的一部分储存起来，用以在其他行程中克服阻力，带动曲柄连杆机构越过上、下止点，保证曲轴的旋转角速度和输出转矩尽可能均匀，并使发动机有可能克服短时间的超载荷，同时将发动机的动力传给离合器。

任务实施

一、实施准备

（一）任务名称

城市公交车辆发动机的日常使用。

（二）资源要求

（1）根据工位数量将学生分组，每小组 6 人分工协作操作。

（2）做好设备安全防护工作，对完工车辆进行检验，并做好现场 5S 工作。

（3）操作设备及资料清单（见表 2-1-1）。

表 2-1-1　操作设备及资料清单

序号	名　称	型　号	数量
1	实训城市公交客车整车	CK6106	2
2	城市公交客车使用手册	CK6106	6
4	任务工单		1 份/人

二、任务执行

（1）将城市公交车停放在水平路面上，拉紧驻车制动手柄，确认换挡杆拨到空挡。

（2）启动前检查。

① 检查气瓶与托架、供气装置与车辆大梁之间固定是否牢固，所有气管的连接是否漏气。

② 检查压缩天然气（CNG）气压，城市公交车辆天然气气压在 3 MPa 以上才可以正常使用。低于此气压将会影响性能，甚至停机。如气压低于 3 MPa，应马上加气。

③ 检查机油、冷却水等是否符合要求，制动气压是否达到规定压力值。

④ 检查蓄电池电量是否充足。

⑤ 检查车辆轮胎气压是否符合标准。

（3）启动发动机。

启动时，先将点火开关拧到电源接通位置停留 2～3 s，不踩油门启动。切忌启动时空踩油门和利用大油门启动。

（4）行驶车辆。

① 车辆起步：坚持用一挡起步，否则发动机可能会出现“放炮”或“回火”现象。

② 在行驶过程中尽量避免急速加减油门，否则发动机可能会出现“放炮”或“回火”现象。

③ 提速换挡：为了使发动机获得最好的动力性和经济性，平稳踩下加速踏板，观察发动机转速，在 1 100 r/min 左右时换入二挡。

（5）停机。

轻踩制动踏板，待车辆停稳后，关掉相应仪表开关，关掉点火钥匙，10 s 后关闭总电源，离开驾驶室。

（6）收车检查。

重新检查压缩天然气管路、气瓶的连接头、充放气阀和气瓶气阀的密封性。检查密封良好后，关掉气路总气阀，塞好三角木，做好现场 5S 清理工作。

考核评价

实施评价见表 2-1-2。

表 2-1-2　任务实施评价表

考核项目	评价标准	评价方式			得分
任务流程图是否完成	根据需要进行试车验证（40%）	自评	互评	教师评价	
操作计划是否合理	按照计划顺利使用车辆（20%）				
操作过程是否规范	操作过程规范、流程清晰（20%）				
现场 5S 工作情况	工具整理、现场清扫等（20%）				

课后拓展

（1）发动机曲柄连杆机构有哪些零部件组成？

（2）发动机在车辆行驶过程中应注意哪些事项？

任务二　配气机构的认知与使用

学习目标

（1）熟练认知配气机构各零部件的组成。

（2）掌握配气机构的常见故障现象。

情境导入

小明训练前做好日常检查后，启动发动机，听到发动机发出“滴答滴答”的异响，且一直持续，假设你是一名教练，为小明解除困惑，并分析此故障的原因。

知识准备

城市公交车用发动机配气机构的主要作用是按照发动机每个气缸内所进行的工作循环和发火次序的要求，定时开启和关闭气缸的进、排气门，使新鲜可燃混合气（压缩天然气发动机）或空气（柴油机）得以及时进入气缸，废气得以及时从气缸排出。配气机构主要由气门组和气门传动组构成，如图 2-2-1 所示。

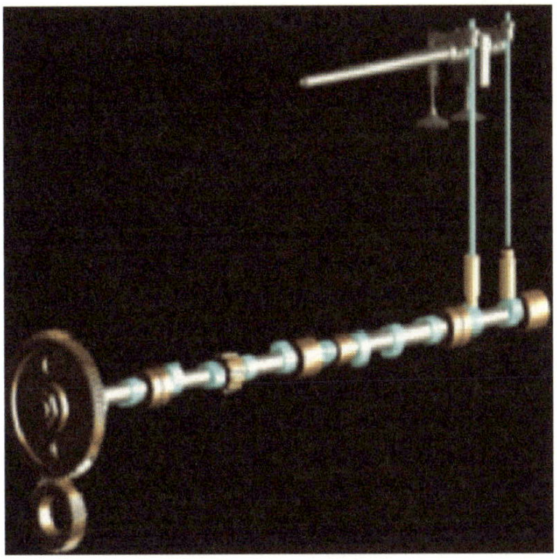

图 2-2-1　配气机构

配气机构按凸轮轴的布置形式可分为凸轮轴下置式、凸轮轴中置式和凸轮轴顶置式三种类型，如图 2-2-2 所示。

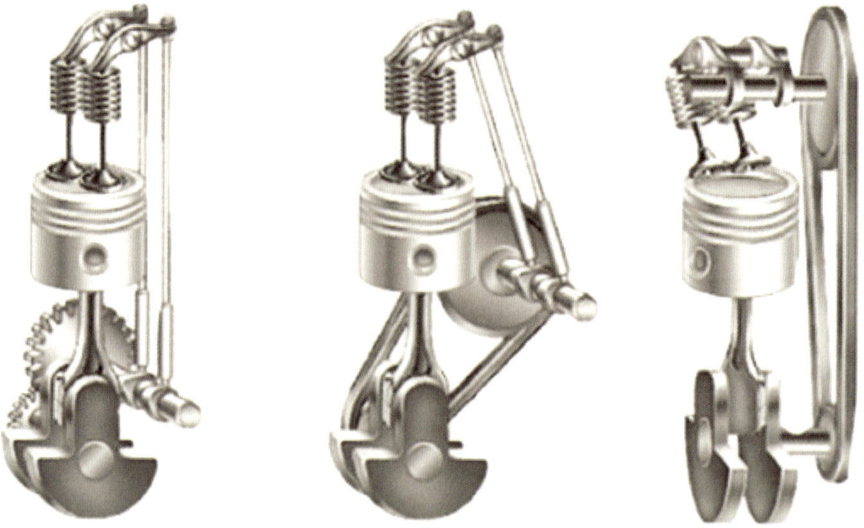

（a）凸轮轴下置式　　（b）凸轮轴中置式　　（c）凸轮轴上置式

图 2-2-2　凸轮轴的布置形式

配气机构按凸轮轴的驱动方式可分为齿轮传动、链条传动、同步带传动三种类型，如图 2-2-3 所示。

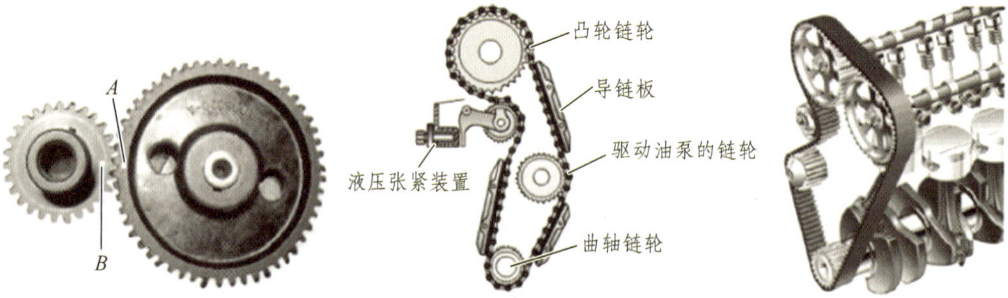

（a）齿轮传动　　（b）链条传动　　（c）同步带传动

图 2-2-3　凸轮轴的驱动方式

城市公交车用发动机广泛采用齿轮驱动、凸轮轴下置式的布置形式。

一、配气机构的工作原理

配气机构是通过气门的不断开启和关闭来实现发动机换气的目的。

当凸轮凸起部分与挺杆接触时，通过推杆带动摇臂转动，气门克服气门弹簧的张力打开。当凸轮的最大凸起处与挺柱接触时，气门达到最大开度，如图 2-2-4（a）所示。

当凸轮与挺柱接触表面的凸起开始逐渐变小，气门在气门弹簧的作用下开始上升关闭，并反向推动摇臂等传动杆件，使挺柱下移保持与凸轮接触。当凸轮凸起部分离开挺柱时，气门完全关闭，如图 2-2-4（b）所示。

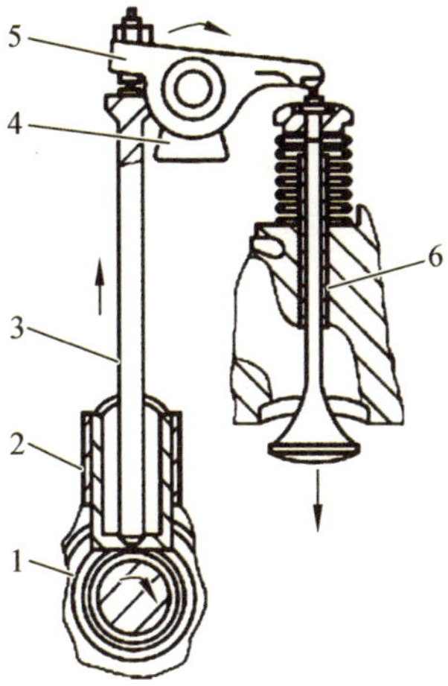

（a）气门开启

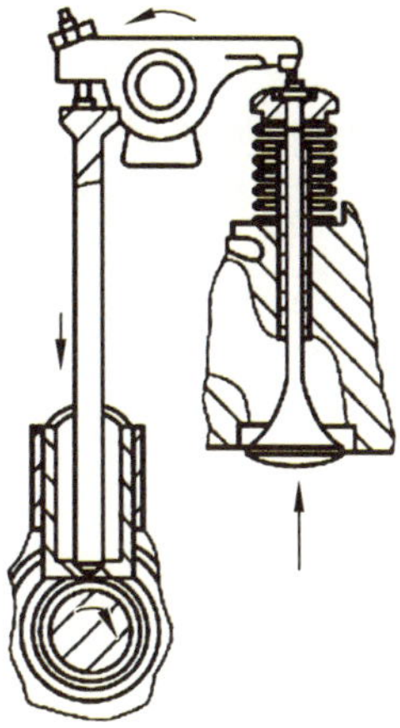

（b）气门关闭

图 2-2-4　配气机构工作原理

1—凸轮轴；2—挺柱；3—推杆；4—摇臂轴支座；5—摇臂；6—气门

综上所述，凸轮轴通过正时齿轮由曲轴驱动，其推力使得气门开启，而气门的关闭则是依靠气门弹簧的张紧力来完成的。根据发动机的工作原理可以得知，发动机一个工作循环，曲轴旋转两周，而凸轮轴旋转 1 周，故而曲轴与凸轮轴之间的传动比为 2 ∶ 1。

二、气门组

气门组的作用是定时开启和关闭进、排气门，实现气缸的密封。因此，发动机每一个气缸都至少对应一个进气门，一个排气门。一般来说，气门组包括气门、气门座、气门导管、气门弹簧、弹簧座及锁片等零件，如图 2-2-5 所示。

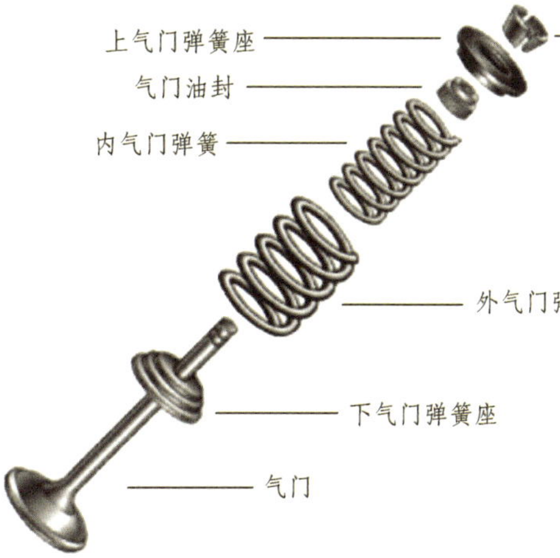

图 2-2-5　气门组的结构

1. 气　门

气门根据其功用的不同分为进气门和排气门。考虑到发动机工作时进气阻力比排气阻力对发动机性能的影响大得多，为尽量减小进气阻力，一般进气门的尺寸略大于排气门。气门由头部和杆部组成，如图 2-2-6 所示。头部用来封闭气缸的进、排气通道，杆部则主要为气门的运动导向。

气门头部的形状有平顶、喇叭形顶和球面顶，如图 2-2-7 所示。使用最多的是平顶气门头部，进、排气门均可采用。喇叭形顶气门头部多用于进气门，球面顶气门头部适用于排气门。

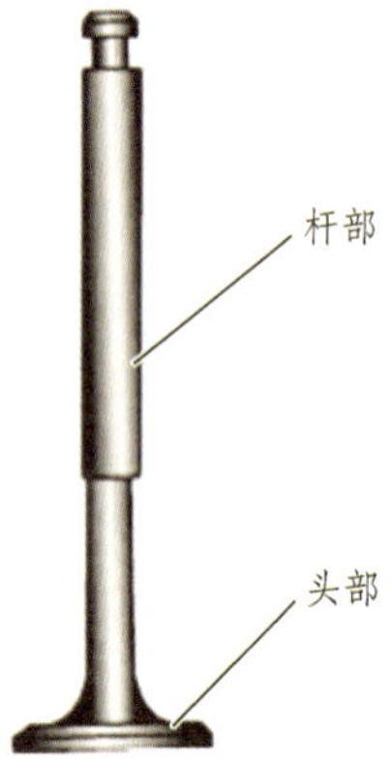

图 2-2-6　气门的结构

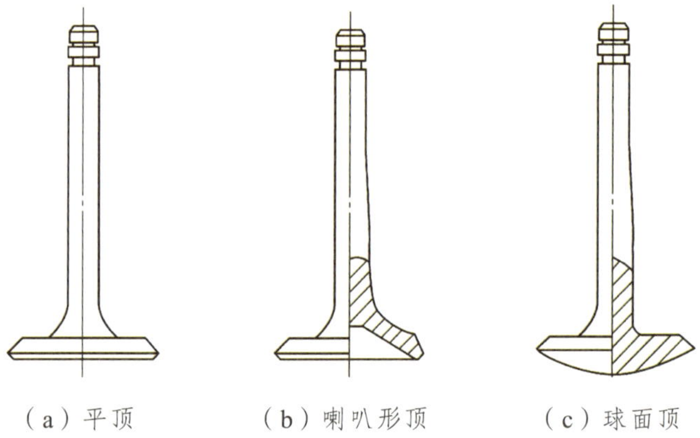

图 2-2-7　气门头部的形状

气门头部与气门座圈接触的部分为工作面，是与杆部同心的锥面，通常将这一锥面与气门顶部平面的夹角称为气门锥角，如图 2-2-8 所示，一般做成 30°或 45°。

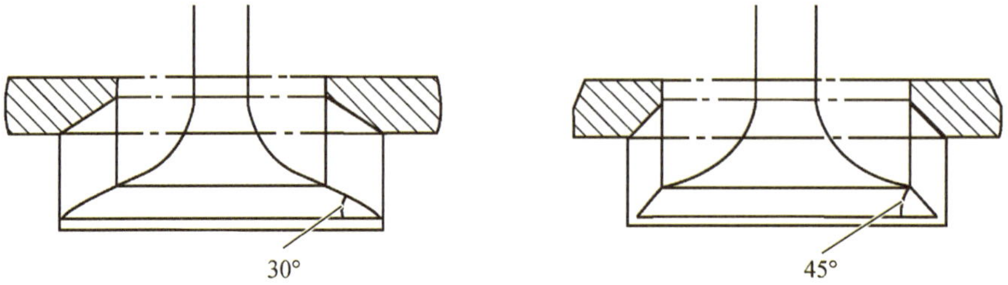

图 2-2-8　气门锥角

2. 气门座

气缸盖上的进、排气道与气门锥面相接合的部位称为气门座，如图 2-2-9 所示。气门座的锥角和气门锥角相同，一般也是 30°或 45°。气门座不仅有密封作用，还起到冷却气门的作用。

3. 气门导管

气门导管的功用是为气门的运动导向，保证气门做直线往复运动，使气门与气门座能正确贴合。气门杆与气门导管之间一般留有 0.05 ~ 0.12 mm 的间隙，使气门杆能在导管中自由运动，如图 2-2-10 所示。

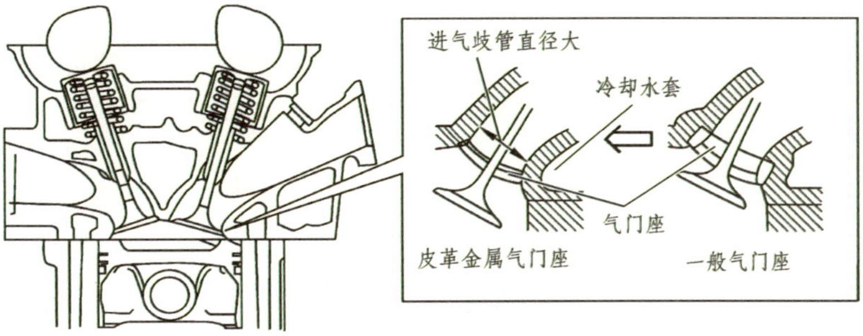

图 2-2-9 气门座

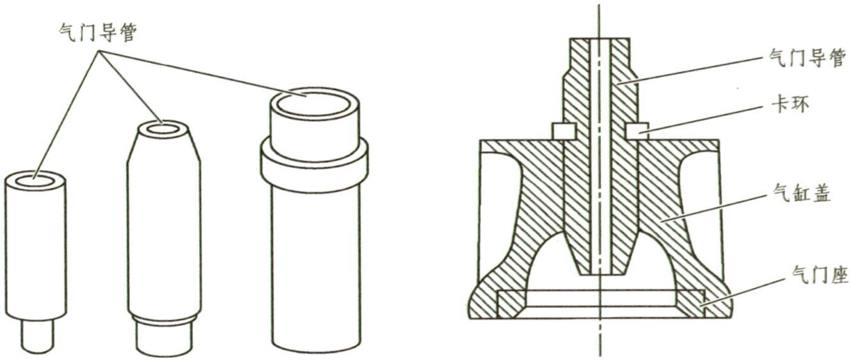

图 2-2-10 气门导管

4. 气门弹簧

气门弹簧的作用是保证气门自动回位关闭而密封，还保证气门与气门座的座合压力，吸收气门在开启和关闭过程中传动零件所产生的惯性力，以防止各种传动件彼此分离而破坏配气机构正常工作，如图 2-2-11 所示。

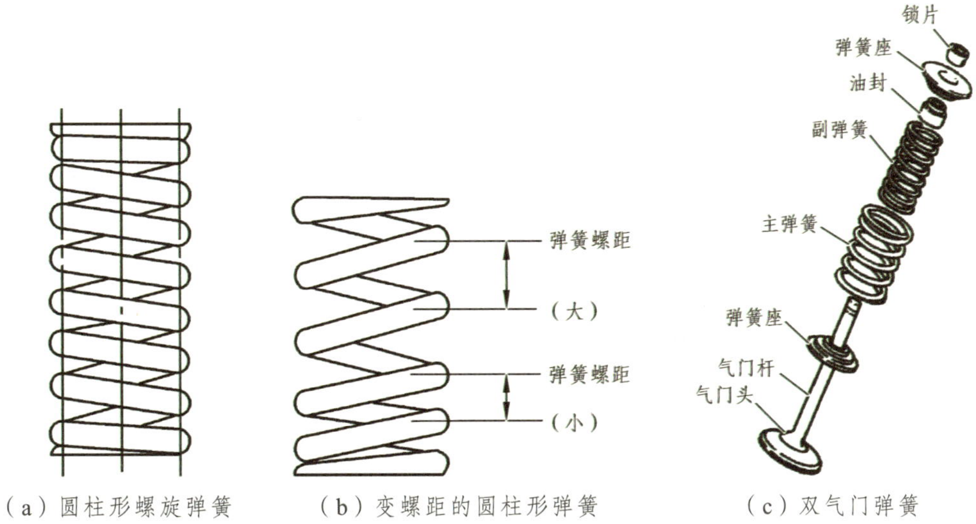

图 2-2-11 气门弹簧

三、气门传动组

气门传动组的作用是使进、排气门按照规定的时刻开闭，且保证有足够的开度。城市公交车用发动机气门传动组主要由凸轮轴、挺柱、摇臂和推杆等组成，如图 2-2-12 所示。

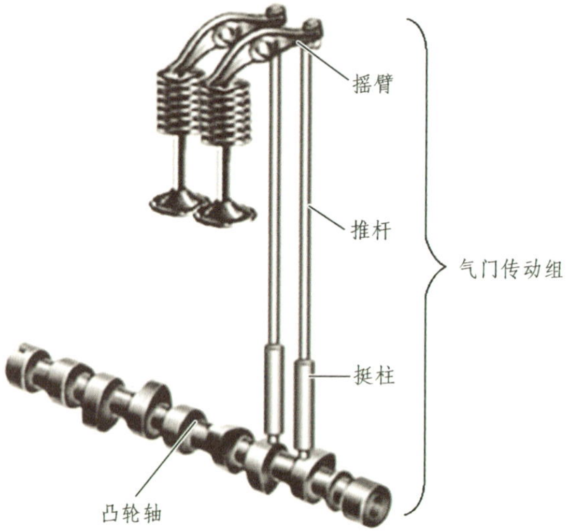

图 2-2-12　气门传动组的结构

1. 凸轮轴

凸轮轴的作用是驱动和控制发动机各缸气门的开启和关闭，使其符合发动机的工作顺序、配气相位及气门开度的变化规律等要求。它一般采用优质钢模锻而成，也有的是用合金铸铁或球墨铸铁铸造而成，如图 2-2-13 所示。

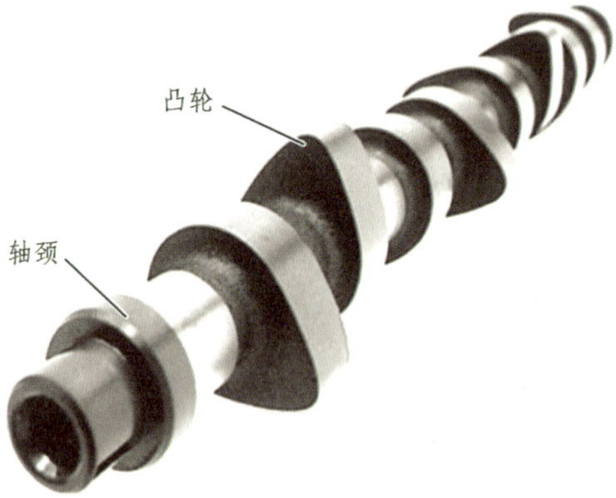

图 2-2-13　凸轮轴

凸轮轴主要由凸轮和凸轮轴轴颈组成。凸轮分为进气凸轮和排气凸轮两种，用来驱动气门的开启与关闭。凸轮的轮廓应保证气门开启和关闭的持续时间符合配气相位的要求，且使气门有合适的升程和运动规律。

为防止凸轮轴轴向窜动，影响配气机构正常工作，凸轮轴必须有轴向定位措施。常用的定位装置有：止推轴承、止推片、止推螺钉等，如图 2-2-14 所示。

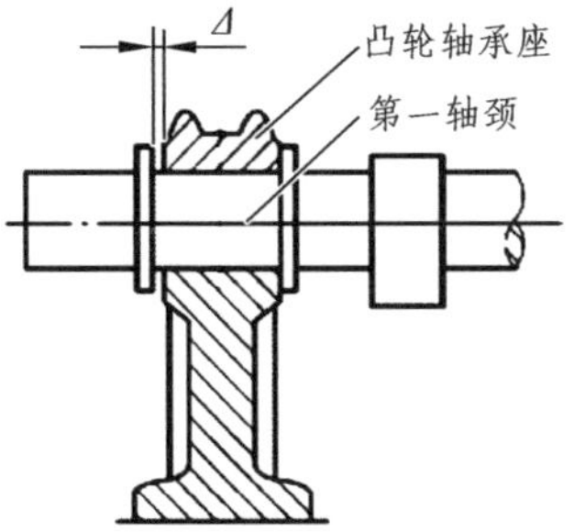

（a）止推轴承

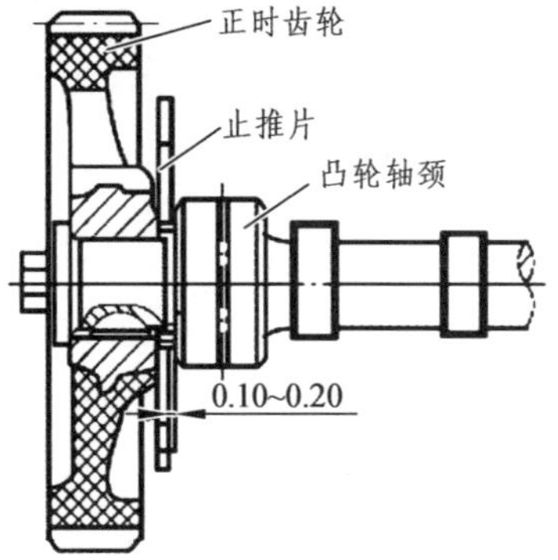

（b）止推片

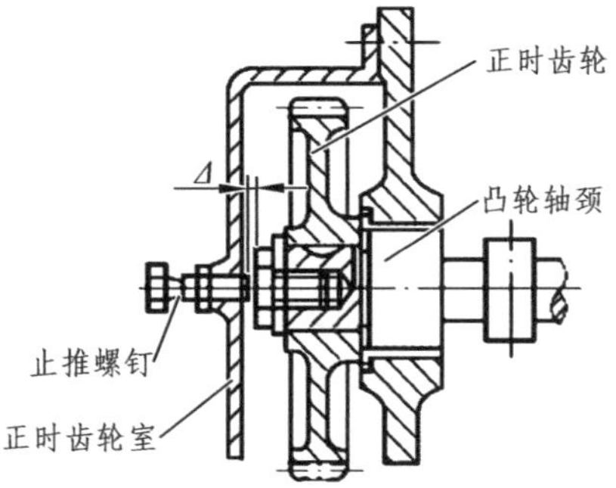

（c）止推螺钉

图 2-2-14　凸轮轴的轴向定位

2. 挺　柱

挺柱的作用是将凸轮的推力传递给推杆或气门。目前，挺柱主要有普通挺柱和液压挺柱两种类型，如图 2-2-15 所示。城市公交车用发动机普遍采用普通挺柱，它安装

筒式

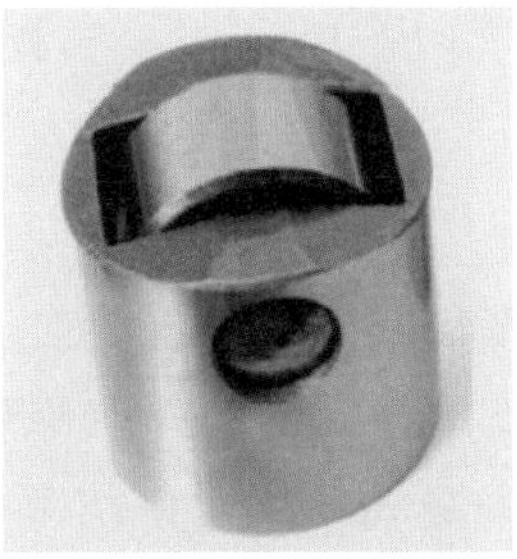

滚轮式

（a）普通挺柱

（b）液压挺柱

图 2-2-15　挺　柱

在气缸体或气缸盖上相应处镗出的导向孔中，常用镍铬合金铸铁或冷激合金铸铁制造。现代轿车用发动机广泛采用液压挺柱。两者相比而言，液压挺柱能根据发动机工作时的零部件温度，自动调整自身长度，省略调整气门间隙的工序，有效提高了发动机的使用性能，但其价格及维修成本高。

3. 推　杆

推杆主要应用于下置凸轮轴式配气机构，它的作用是将从凸轮轴经过挺柱传来的力传给摇臂。它是配气机构中最容易发生弯曲变形的零件，因此要求它有很高的刚度。在载荷较大的发动机中，推杆应尽量做得短些，如图 2-2-16 所示。

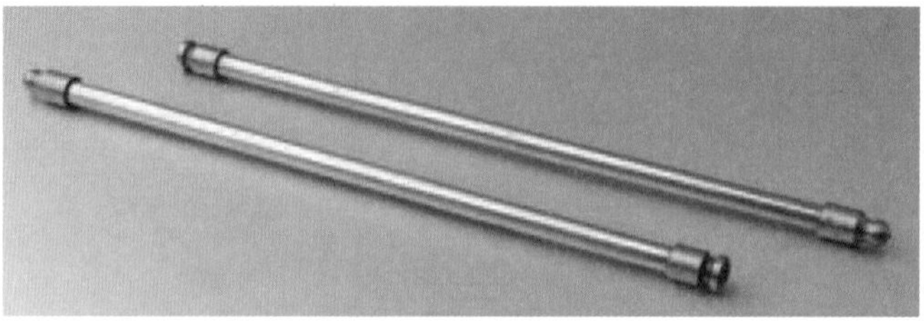

图 2-2-16　推杆

3. 摇臂组件

摇臂的作用是将推杆或凸轮传来的力改变方向，作用到气门杆以推开气门，其结构如图 2-2-17 所示。

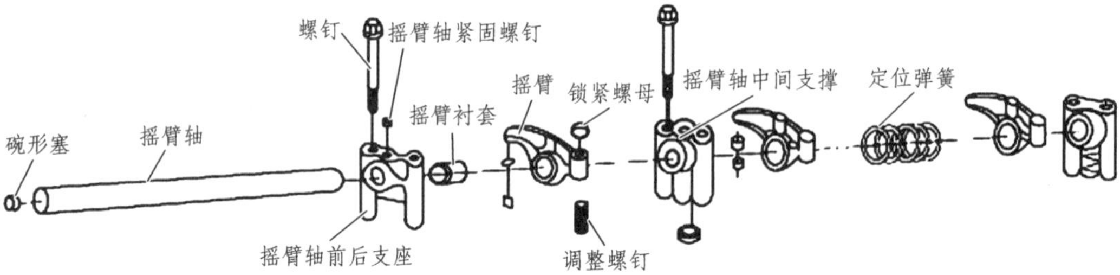

图 2-2-17　摇臂组件的结构

四、气门间隙及调整方法

1. 气门间隙的定义

发动机工作时，气门将因温度的升高而膨胀。如果气门及其传动件之间在冷态下无间隙或间隙过小，则在热态下，气门及其传动件的受热膨胀势必引起气门关闭不严，造成发动机在压缩行程和做功行程中漏气，从而使功率下降，严重时甚至不易启动。为了消除这种现象，通常在发动机冷态装配时，在气门及其传动机构中留有一定的间隙，以补偿气门受热后的膨胀量，这一间隙称为气门间隙，如图 2-2-18 所示。

图 2-2-18　气门间隙示意图

当发动机工作时，气门间隙应当保持在一定范围。若气门间隙过小，则会造成气门关闭不严，造成气缸漏气、压缩不足，出现怠速不稳、动力下降、加速无力、回火或排气管放炮、易熄火、油耗增加等故障，还可能会磨坏气门摇臂和凸轮轴等部件；若气门间隙过大，会造成金属敲击异响，并且可能会在摇臂、气门杆等处留下痕迹，造成无法消除的异响。气门间隙大还会造成进、排气量减少，影响发动机的动力和其他性能。

一般而言，城市公交车发动机由于进、排气门的工作温度不同，进气门的气门间隙值比排气门的气门间隙值小。进气门间隙为 0.2 ~ 0.25 mm，而排气门间隙一般在 0.25 ~ 0.30 mm。

2. 气门间隙的调整方法

在调整气门间隙时，应注意挺柱（或摇臂）必须落在凸轮的基圆上才可以调整气门间隙。因此，进、排气门在开启过程中不能调整。即正在进气、将要进气、进气刚结束的进气门不能调整；正在排气、将要排气、排气刚结束的排气门不能调整。目前，通常采用逐缸调整法及两次调整法两种调整方法。

逐缸调整法：转动曲轴至一缸压缩上止点的位置，调整一缸的进、排气门。然后转动曲轴，按点火顺序使下一缸达到压缩上止点，再调整这一气缸的进、排气门，依次类推，逐缸调整完毕。

生产实践中，普遍采用两次调整法调整气门间隙，即当第一缸处于压缩上止点时，调整所有气门的一半，再摇转曲轴一周便可调整其余半数气门，如图 2-2-19 所示。

六缸发动机可调气门的排列

工作顺序	1	5	3	6	2	4
	1	4	2	6	3	5
第一遍（一缸在压缩上止点）	双	排		不	进	
第二遍（六缸在压缩上止点）	不	进		双	排	

图 2-2-19　城市公交车用发动机气门间隙的调整

其操作过程为：

（1）对“1—6 缸”标记，将发动机摇转至第一缸活塞处于压缩行程上止点。

（2）按“双、排、不、进”原则检查、调整气门间隙。

（3）将曲轴再转一圈，确认第六缸活塞处于压缩行程上止点，再按“不、进、双、排”原则检查、调整剩余的气门间隙。

任务实施

一、实施准备

（一）任务名称

城市公交车用发动机气门间隙的调整。

（二）资源要求

（1）根据工位数量将学生分组，每小组 6 人分工协作操作。

（2）做好设备安全防护工作，对完工实训发动机进行检验，并做好现场 5S 工作。

（3）操作设备及资料清单（见表 2-1-1）。

表 2-1-1　操作设备及资料清单

序号	名　称	型　号	数量
1	城市公交客车发动机实训台	CK6106	5
2	城市公交客车使用手册	CK6106	5
3	维修工具车		5
4	任务工单		1 份/ 人

二、任务执行

（1）确定实训发动机处于冷态。

（2）转动曲轴两圈，使凸轮轴正时齿轮标记对准曲轴正时齿轮标记，确定一缸处于压缩上止点位置。

（3）根据发动机 1—5—3—6—2—4 的工作顺序，按“双、排、不、进”原则确定能调整的气门，然后检查、调整气门间隙，如图 2-2-20 所示。

（4）根据维修手册，选出符合规格的厚薄规插入气门杆与气门摇臂之间，稍微拉动厚薄规，如有轻微的阻力，表示间隙正确，若间隙偏大或偏小都需要进行调整，如图 2-2-21 所示。

图 2-2-20　发动机气门布置示意图

图 2-2-21　检测调整气门间隙

（5）将曲轴再转一圈，使正时记号对准，用同样的方法检查、调整其余气门间隙，至此所有的气门检查、调整完毕。

（6）回收工具，做好现场 5S 工作。

考核评价

实施评价见表 2-2-2。

表 2-2-2　任务实施评价表

考核项目	评价标准	评价方式			得分
任务流程图是否完成	根据需要进行实训验证（40%）	自评	互评	教师评价	
工作计划是否合理	按照计划顺利执行任务（20%）				
工作计划是否规范	任务实施过程规范、流程清晰（20%）				
现场 5S 工作情况	工具整理、现场清扫等（20%）				

课后拓展

（1）城市公交车用发动机配气机构有哪些零部件组成？各是怎样工作的？

（2）制作四缸发动机气门间隙的调整流程图。

项 目 三

城市公交车辆发动机燃料供给系统

任务一　发动机燃料供给系统认知

学习目标

（1）掌握城市公交车用发动机燃料供给系统的功用及工作原理。

（2）熟练认知城市公交车用发动机燃料供给系统的零部件。

情境导入

小明在城市公交教练车训练时，行驶途中出现“放炮”现象，假设你是教练，对该故障进行解释并分析故障原因。

知识准备

一、发动机燃料供给系统的作用及组成

（一）发动机燃料供给系统的功用

城市公交车用发动机燃料供给系统的功用是将根据发动机工况和负荷的变化，将压缩天然气（CNG）降至正常压力，与空气混合，配制出一定浓度和数量的混合气，

并将其送入气缸，将燃烧后的废气排出缸外。

（二）发动机燃料供给系统的组成

城市公交车用发动机燃料供给系统主要由 CNG 供给装置、混合气形成装置、发动机控制系统及进、排气装置等组成，如图 3-1-1 所示。

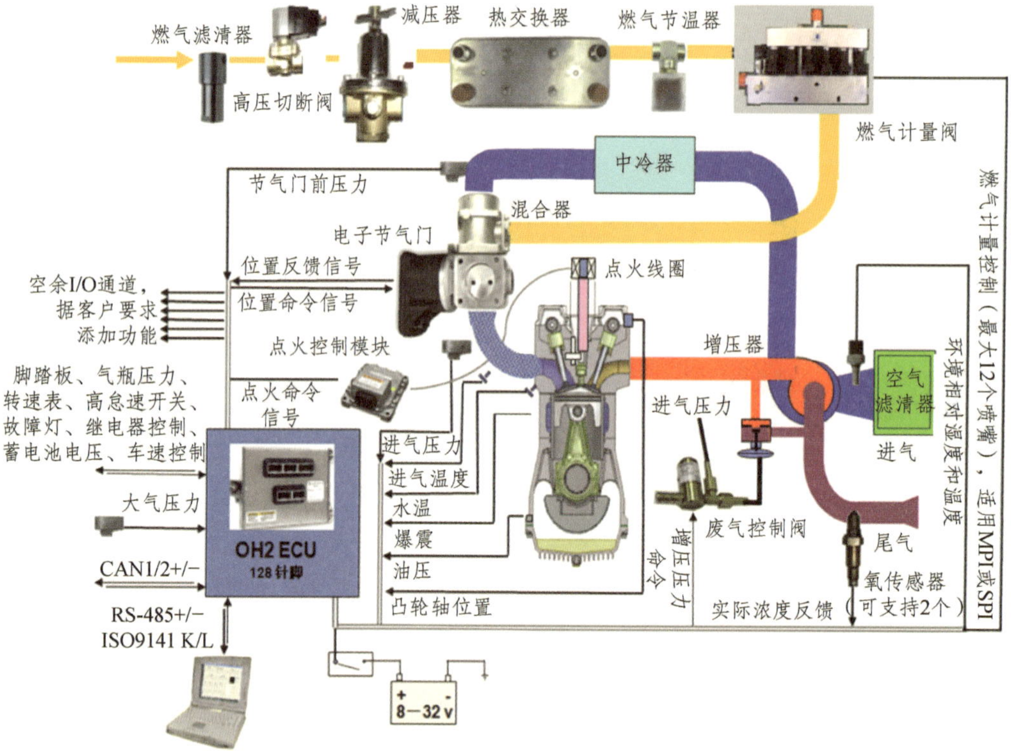

图 3-1-1　发动机燃料系统的组成

二、发动机燃料供给系统的工作原理

（一）车用压缩天然气技术要求

国家标准化管理委员会发布了车用压缩天然气技术标准（GB 18047—2017），技术标准共 6 项 20 条内容，对车用压缩天然气进行了技术规范。

1. 车用压缩天然气的储存与使用

（1）压缩天然气的储存容器应符合 TSGR 0004 或 GB/T 19158 的有关规定。车用压缩天然气钢瓶应符合 GB/T 17258 的有关规定。

（2）在操作压力和温度下，车用压缩天然气中不应存在液态烃。

（3）车用压缩天然气中固体颗粒直径应小于 5 μm。

（4）车用压缩天然气应具有可以察觉的臭味。无臭味或臭味不足的天然气应加臭。加臭剂的最小量应符合当天然气泄漏到空气中，达到爆炸下限的20%浓度时，应能察觉。加臭剂常用具有明显臭味的化合物配制。

（5）车用压缩天然气在使用时，应考虑其抗爆性能。

（6）车用压缩天然气在使用时，应考虑其沃泊指数（华白数），同一地区的压缩天然气，其燃气类别应保持不变。

2. 车用压缩天然气技术指标

车用压缩天然气技术指标应符合表 3-1-1 的规定。

表 3-1-1　车用压缩天然气技术指标

项　目		技术指标
高位发热量[①]/（MJ/m^3）	≥	31.4
总硫（以硫计）[①]/（mg/m^3）	≤	100
硫化氢[①]/（mg/m^3）	≤	15
二氧化硫 mol[①]/（mol/%）	≤	3.0
氧气 mol[①]/（mol/%）	≤	0.5
水[①]/（mg/m^3）		在汽车驾驶的特定地理区域内，在压力不大于 25 MPa 和环境温度不低于 −13 °C 的条件下，水的质量浓度应不大于 30 mg/m^3
水露点/°C		在汽车驾驶的特定地理区域内，在压力不大于 25 MPa 和环境温度不低于 −13 °C 的条件下，水露点应比最低环境温度低 5 °C

注：① 本标准中气体体积的标准参比条件是 101.325 kPa，20 °C。

3. 车用压缩天然气的检验

（1）车用压缩天然气的取样按 GB/T 13609 进行。

（2）正常生产时，必须每天对产品水含量进行检验，以确保压缩天然气中不存在液态水。

（3）在下列情况下，车用压缩天然气产品应按本标准规定的技术要求进行全面检验。

① 初次投入生产时；

② 正常生产时，定期或积累一定产量后；

③ 工艺发生重大变化时；

④ 检验结果与上次全面检验有较大差异时。

（二）发动机燃料供给系统的工作原理

城市公交车用发动机燃料供给系统工作基本原理如图 3-1-2、3-1-3 所示。高压的压缩天然气（一般为 20 MPa）从储气钢瓶出来，经过天然气滤清器过滤后，经高压电磁阀进入高压减压器，高压电磁阀的开合由 ECM 控制。高压减压器的作用是将高压的压缩天然气经过减压加热，将压力调整至 0.7 MPa ~ 0.9 MPa。高压天然气在减压过程中由于减压膨胀，需要吸收大量的热量，为防止减压器结冰，从发动机将发动机冷却液引出到减压器对燃气进行加热。经减压后的天然气进入电控调压器，电控调压器的作用是根据发动机运行工况精确控制天然气喷射量。天然气与空气在混合器内充分混合，进入发动机缸内，经火花塞点燃进行燃烧，火花塞的点火时刻由 ECM 控制，氧传感器即时监控燃烧后的尾气的氧浓度，推算出空燃比，ECM 根据氧传感器的反馈信号和控制 MAP 及时修正天然气的喷射量。

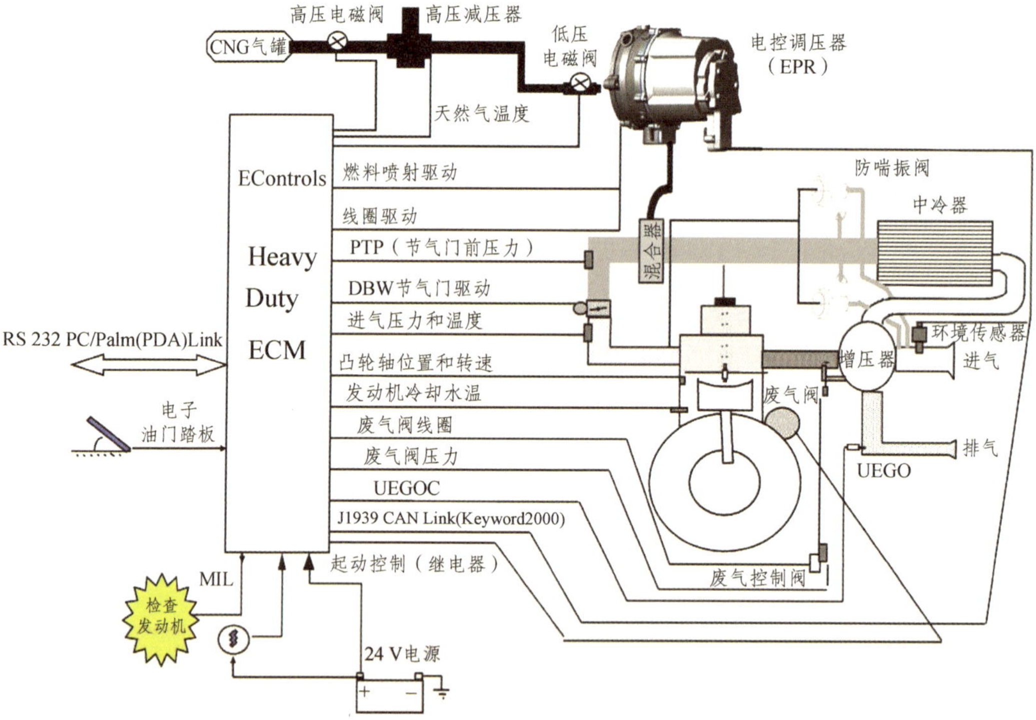

图 3-1-2　CNG 发动机燃料供给系统工作基本原理

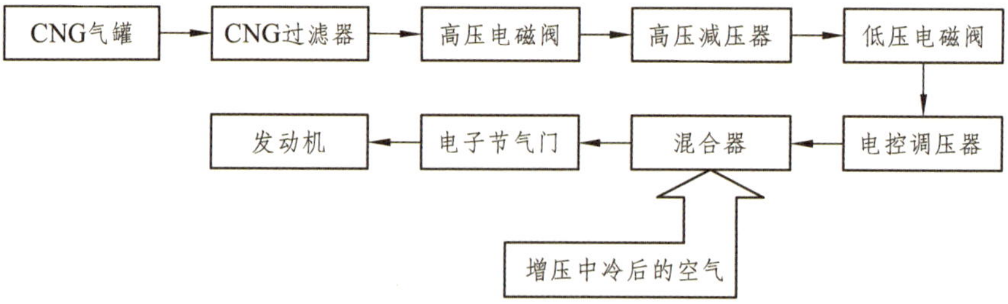

图 3-1-3　CNG 发动机燃料供给系统工作流程图

二、压缩天然气（CNG）供给装置的结构与组成

CNG 供给装置主要由高压储气瓶、高压电磁阀、高压减压器、低压电磁阀、电控

调压器、电子节气门、混合器等组成，如图 3-1-4 所示。

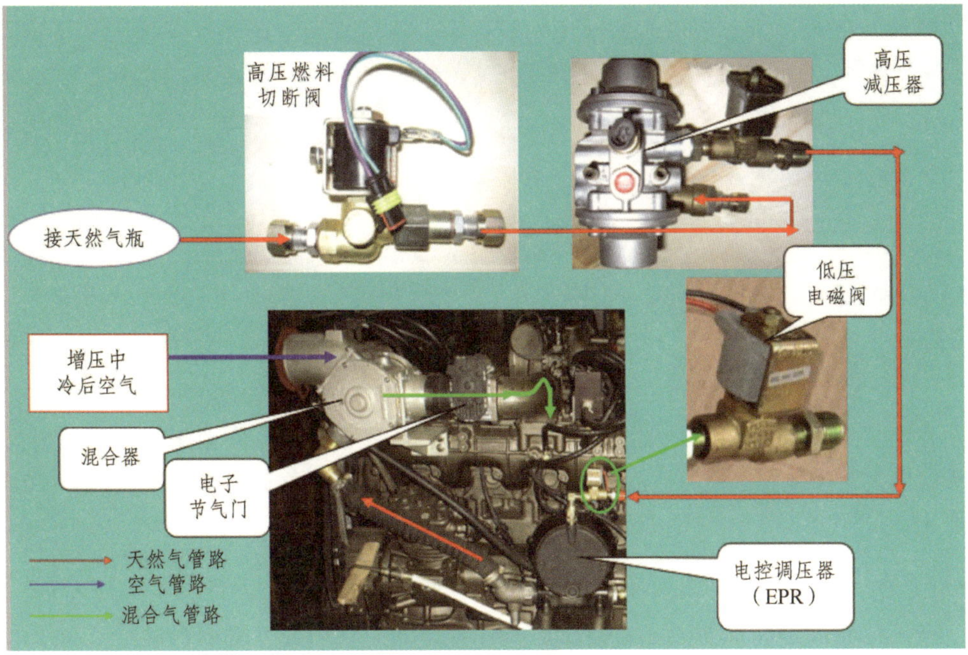

图 3-1-4　CNG 供给装置

1. 高压储气瓶

CNG 高压储气瓶（以下简称“气瓶”）是天然气汽车重要的专用部件，如图 3-1-5 所示。

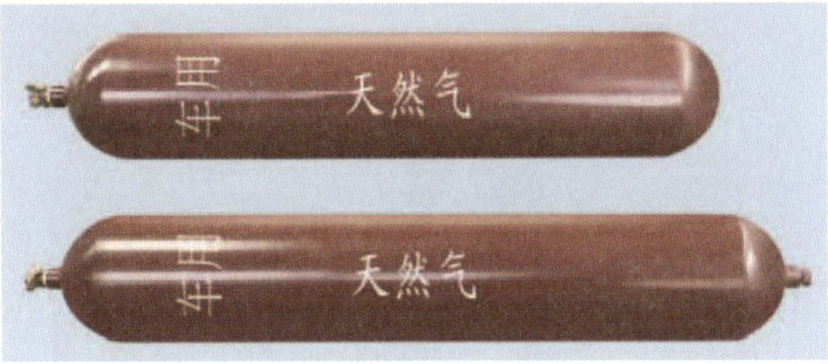

图 3-1-5　CNG 高压储气瓶

车用气瓶的储气压力一般为 20 MPa，过高的储气压力反而会导致气瓶容积效率比的下降及加气站运行费用的升高。CNG 储气瓶分为四类：第一类是钢或铝合金金属瓶（NGV2-1）；第二类是钢或铝内衬加筒身“环箍缠绕”树脂浸渍长纤维加固的复合材料气瓶（NGV2-2）；第三类是钢或铝内衬加“整体缠绕”树脂浸渍长纤维加固的复合材料气瓶（NGV2-3）；第四类是塑料内衬加“纵向整体缠绕”树脂浸渍长纤维加固的复合材料气瓶。其使用特性见表 3-1-2。

表 3-1-2　车用压缩天然气储气瓶装置

类别	钢质气瓶	复合材料气瓶		
		钢或铝内衬加环向缠绕复合材料气瓶	钢或铝内衬加纵、环向缠绕复合材料气瓶	塑料内衬加纵、环向缠绕复合材料气瓶
优点	价格便宜	价格较便宜	有一定价格优势，外形尺寸变化比较灵活	耐腐蚀性能好，外形尺寸灵活，安全性好
缺点	笨重，外形尺寸不易变化，耐腐蚀性差	较重，外形尺寸变化比较困难，耐腐蚀性差	耐腐蚀性差，价格稍高	价格较高
适用范围	大型车等	大型车辆	大中型车	各型车辆

我国目前主要使用的是钢质气瓶，该类瓶生产成本较低，安全耐用，容积率高，但重容比大、质量大。钢瓶性能必须符合《汽车用压缩天然气钢瓶》（GB 17258—2011）的要求。

2. 高压电磁阀

高压电磁阀结构如图 3-1-6 所示，其作用是及时切断或恢复燃料供给。高压电磁阀由线圈驱动阀芯和壳体组成。线圈由 ECM 控制其开启或关闭，停机状态下处于常闭状态。为有效防止高压电磁阀进气接头与高压电磁阀接合部位漏气，安装该接头时，必须使用螺纹密封胶（锁紧接头使铜垫略有变形）有效密封。

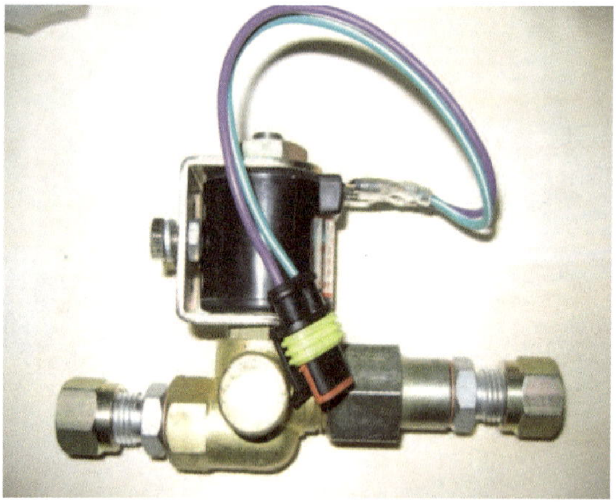

图 3-1-6　高压电磁阀

3. 高压减压器

高压减压器结构如图 3-1-7 所示，其作用是通过节流和加热，使高压的压缩天然气减压至 700 ~ 900 kPa 的低压天然气。通过压力膜片克服弹簧阻力，带动杠杆调整节流孔的流通面积，从而控制减压后的天然气压力。

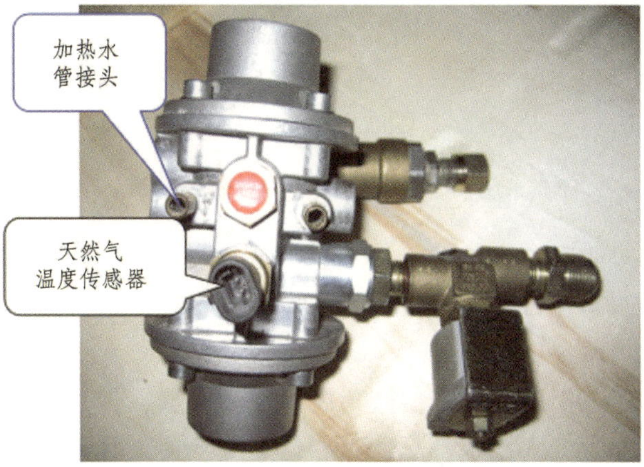

图 3-1-7　高压减压器

高压减压器在安装时，必须注意以下几点：

（1）减压器进气接头螺纹部分必须使用螺纹密封胶，并且使用铜垫进行密封；

（2）减压器出气接头使用 O 形圈进行密封，出气接头与低压电磁阀、低压电磁阀与电磁阀出气接头采用锥螺纹连接，安装时必须使用螺纹密封胶；

（3）高压减压器通过两根水管与发动机的冷却水循环水路连通，安装水管时请锁紧环箍，以免漏水；

（4）高压减压器必须通过一根压力反馈管与进气管连接，目的是为了根据工况控制调压器出口压力；

（5）减压调节器应安装在靠近发动机进气管和振动较小的位置，但不应直接安装在发动机上。所以减压调节器必须安装在汽车（底盘）大梁上。

4. 低压电磁阀

低压电磁阀的结构如图 3-1-8 所示，低压电磁阀由线圈驱动阀芯，由 ECM 控制其

图 3-1-8　低压电磁阀

开合，停机状态下处于常闭状态。其作用是及时切断或恢复燃料供给。为有效防止高压电磁阀进气接头与高压电磁阀接合部位漏气，安装该接头时，必须使用螺纹密封胶有效密封，并要求安装电控调压器上面。

5. 电控调压器部件（EPR 阀）

电控调压器结构如图 3-1-9 所示，其作用是控制天然气的喷射量。该总成内部有一控制芯片，该控制芯片接收来自 ECM 的控制指令，通过高速电磁阀控制天然气气量，从而实时有效控制空燃比。

由于该总成内部有控制芯片，应避免高频振动。该零件自带减振软垫，切勿随意拆卸。电控调压器出气口中心水平高度不能低于混合器进气口中心高度，电控调压器天然气出气口离混合器天然气进气口距离要求控制在 500 mm 以内。目的是为了让天然气中的杂质流到混合器中随空气进入缸内燃烧掉，保持 EPR 阀内清洁，并且保持天然气供给响应速度快。

6. 混合器

混合器结构如图 3-1-10 所示，其作用是将天然气和中冷后的空气充分混合，使燃烧更充分、柔和，有效降低氮氧化物的排放和排气温度。调压器出气管安装在混合器天然气入口处，安装时锥螺纹部分必须使用螺纹密封胶，以防止漏气。

图 3-1-9　电控调压器（EPR 阀）

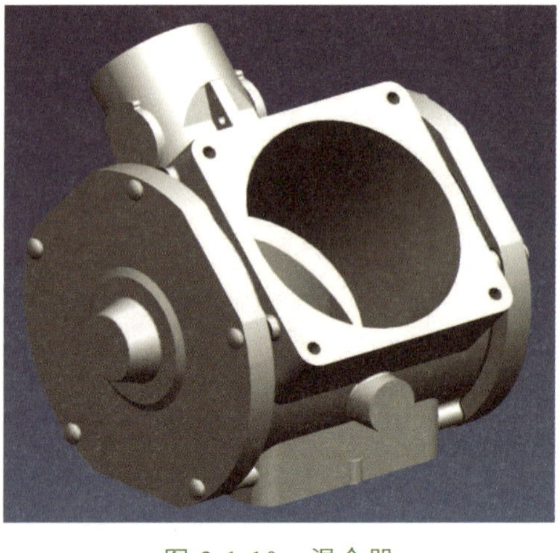

图 3-1-10　混合器

7. 电子节气门

电子节气门结构如图 3-1-11 所示，驾驶者通过油门踏板，将动力需求传送给 ECM，ECM 接收到油门踏板信号后，根据发动机运行工况控制电子节气门的开度，控制进入缸内的混合气的量，从而控制发动机的转速和负荷。

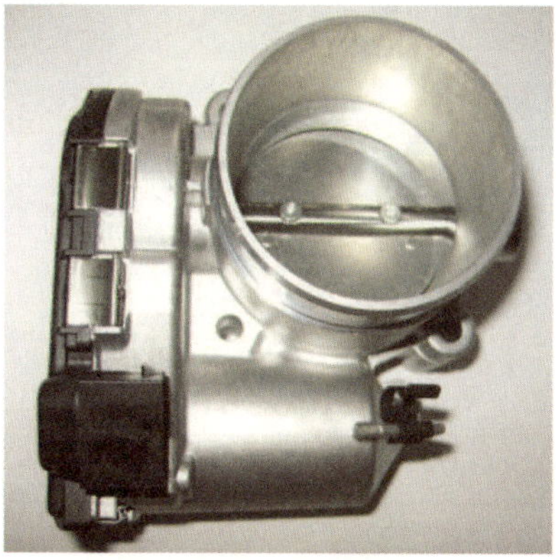

图 3-1-11 电子节气门

任务实施

一、实施准备

（一）任务名称

城市公交车燃料供给系统结构认知。

（二）资源要求

（1）根据工位数量将学生分组，每小组 6 人分工协作操作。
（2）做好车辆安全防护工作，对实训车辆进行检验，并做好现场 5S 工作。
（3）操作设备及资料清单（见表 3-1-3）。

表 3-1-3 操作设备及资料清单

序号	名 称	型 号	数量
1	实训城市公交客车整车	CK6106	2
2	城市公交客车使用手册	CK6106	2
3	任务工单		1 份/人

二、任务执行

在教师的带领下对城市公交车燃料供给系统零部件进行认知，根据任务书填写各零部件、总成的名称。

考核评价

考核评价见表 3-1-4。

表 3-1-4　任务实施评价表

考核项目	评价标准	评价方式			得分
认知流程图是否完成	根据需要进行试车验证（40%）	自评	互评	教师评价	
认知计划是否合理	按照计划顺利实施任务（20%）				
任务书填写是否规范	认知过程规范，任务书填写清晰、正确（20%）				
现场 5S 工作情况	工具整理、现场清扫等（20%）				

课后拓展

（1）请阐述城市公交车用发动机燃料供给系统的工作原理。

（2）城市公交车发动机所用压缩天然气有怎样的要求？

（3）请详细阐述城市公交车用发动机燃料供给系统的组成。

任务二　发动机燃料供给系统的使用与维护

学习目标

（1）熟练掌握压缩天然气的使用知识。

（2）掌握压缩天然气发动机燃料供给系统的维护。

情境导入

小明所在的教练车到该进行燃气供给系统例行保养的日期，假设你是教练，为小明讲解燃气系统保养的重要性和保养项目。

知识准备

一、天然气主要性能指标

CNG 发动机所使用的天然气，其主要性能指标如表 3-2-1 所示。

表 3-2-1　天然气的技术指标

项　目	一类	二类	三类
高位发热量/（MJ/m³）	>31.4		
总硫（以硫计）/（mg/m³）	≤100	≤200	≤460
硫化氢/（mg/m³）	≤6	≤20	≤460
二氧化碳/%（V/V）	≤3.0		
水露点/°C	在天然气交接点的压力和温度条件下，天然气的水露点应比最低环境温度低 5 °C		

注：本标准中气体体积的标准参比条件是 101.325 kPa，20 ° C。

压缩天然气（CNG）作为民用燃料，应具有可以察觉的臭味，无臭味或臭味不足的天然气应加臭。加臭剂的最小量应符合当天然气泄漏到空气中，达到爆炸下限的 20% 浓度时，应能察觉。加臭剂常用具有明显臭味的硫醇、硫醚或其他含硫化合物配制。除此之外，应用在汽车上的天然气还要考虑抗爆性。抗爆性是指燃料在气缸中避免产生爆震的能力（也称抗自燃能力）。爆震是一种非正常燃烧，与发动机温度、压缩比、燃料特性有关，在压缩行程终了时产生，它将造成发动机过热、排气冒烟、功率下降、油耗增加，并伴有明显的敲缸声，甚至损坏机件。一般天然气的辛烷值大于 110，抗爆性能高于汽油。影响天然气抗爆性的主要因素是除甲烷外的重碳氢成分，而天然气中的甲烷和重碳氢成分是随着气田的地理位置、开采时间及净化处理而发生变化的。国内主要地区天然气抗爆性能预测分析表明，我国各个地区天然气主要成分差异不大，其抗爆性的差异也不大，这是我国天然气质量的优势。尤其是在重庆，天然气质量好，成分差异小，更利于天然气汽车的推广应用和发展。

二、车用压缩天然气技术规范

为保证车用压缩天然气的使用，国家标准委员会制定了《车用压缩天然气》（GB 18047—2017）技术规范，规定了车用压缩天然气的技术要求和试验方法。其适用于压力不大于 25 Mpa、作为车用燃料的压缩天然气。

三、压缩天然气汽车维护技术规范

压缩天然气汽车维护应符合 GB/T 27876—2011 技术规范。因篇幅受限，此处仅摘录部分条款。

1. 作业安全

（1）CNG 汽车维护作业应在符合安全防护要求的专用车间内进行，车间应通风良好，顶部不应有可能形成气体积聚的死角，在有 CNG 可能泄漏的场所应明示防明火、防静电的标志。

（2）CNG 汽车维护作业前，应首先进行 CNG 专用装置的密封性检查，如有泄漏，应先排除故障，在确认系统密封良好后再进行维护作业。

（3）维护作业中应先进行涉及 CNG 使用的检查、维护等作业，然后关闭储气瓶截止阀，并使管路内的 CNG 排尽，再进行其他项目的维护。

（4）当需要进行焊制等有明火的作业时，应拆掉蓄电池及重要总成的电控元件。应安全拆卸气瓶并放入专用库房妥善保管或在符合安全防护要求的专用场地将 CNG 供气系统（包括储气瓶）卸压，严禁带压作业，保证供气系统内无 CNG。

（5）如需在气瓶附近打磨或切割时，应先将其拆掉或有效隔离。应由具备认可资格的单位、人员从事气瓶维护与检测，严禁在气瓶上进行挖补、焊割等作业。

（6）CNG 汽车如发生漏气，应立即关闭电源和储气瓶截止阀，然后在专用场地进行处理。如果高压管路破裂或脱落导致气体大量泄漏而无法关闭储气瓶截止阀时，应立即将现场进行隔离，不允许人、车入内，隔离火源，待天然气散尽后再作处理。

（7）如发生火情，除立即关闭电源和储气瓶截止阀外，应隔离现场，立即采取有效的灭火与救援措施。

（8）气瓶储存、使用应符合 TSGR0009 和有关部门的规定。

2. 维护分级和周期

（1）CNG 汽车的维护分为日常维护、一级维护、二级维护。日常维护由驾驶员进行，一级维护、二级维护由取得 CNG 汽车维修资格的汽车维修企业进行。

（2）CNG 汽车维护的周期应符合 GB/T 18344 的规定，如 CNG 汽车制造企业有特殊要求，应参照执行。

3. CNG 汽车日常维护作业项目及要求

（1）驾驶员应在出车前、行车中和收车后对车辆进行日常维护，并重点查看确认 CNG 专用装置有无泄漏和异常情况。

（2）除 GB/T 18344 规定外，还需进行的作业内容如下：

① 检视 CNG 专用装置各功能部件、系统的工作状态及其连接和密封，要求状态正常且无松动、泄漏、损坏，气瓶及固定支架固定牢固、无损伤，必要时更换；CNG 管线不得与其他部件擦碰；检查 CNG 气量，降至规定值以下时应立即加充 CNG。

② 对于 CNG、油两用燃料汽车，所用的 CNG 和汽油应符合车辆使用规定及燃料质量要求。当长期使用燃油时，应把储气瓶的燃气用完，当交替使用两种燃料时，应确保两种燃料供给及其转换系统工作正常。

③ 行车中，应随时观察车辆各系统的工作状况，当发现 CNG 专用装置有过热、过冷、异味等异常现象时，应关闭 CNG 储气瓶截止阀，并及时送 CNG 汽车维修企业进行维修。

任务实施

一、实施准备

（一）任务名称

城市公交车燃气供给系统的日常维护作业。

（二）资源要求

（1）根据工位数量将学生分组，每小组 6 人分工协作操作。

（2）做好车辆安全防护工作，对完工车辆进行检验，并做好现场 5S 工作。

（3）操作设备及资料清单（见表 3-2-2）。

表 3-2-2　操作设备及资料清单

序号	名　称	型　号	数量
1	实训城市公交客车整车	CK6106	2
2	城市公交客车使用手册	CK6106	6
3	工具车		6
4	任务工单		1 份/人

二、任务执行

1. 出车前的检查

（1）检查天然气的储量。

（2）检查气瓶有无擦剐、损伤，气瓶支架、固定卡子的紧固情况，管线接头有无松动、摩擦、漏气，外保护管有无破损、缺损，阀门橡胶件有无老化、断裂。

（3）检查 CNG 供气系统工作是否正常，压力表、气量显示值是否一致，各管线接头有无松动、泄漏。

（4）检查车辆电器线路有无老化、破损、松动；检查 CNG 供气系统和滤清器芯子是否清洁、损坏。

（5）启动发动机。

2. 运行检查

行车中，随时观察车辆各系统的工作状况，注意 CNG 供给装置是否有过热、过冷、异味等异常现象。

3. 收车后检查

（1）检查气瓶有无擦剐、损伤，气瓶支架、固定卡子的紧固情况。

（2）检查管线接头有无松动、摩擦、漏气，外保护管有无破损、缺损，阀门橡胶件有无老化、断裂。

（3）检查 CNG 供气系统是否正常，气瓶阀是否已关闭。

（4）塞好三角木，保证车辆停放安全。

（5）做好现场和车厢内 5S 工作。

考核评价

实施评价见表 3-2-3。

表 3-2-3　任务实施评价表

考核项目	评价标准	评价方式			得分
任务流程图是否完成	根据需要进行试车验证（40%）	自评	互评	教师评价	
工作计划是否合理	按照计划顺利诊断故障（20%）				
任务工作计划设计是否规范	实训过程规范、流程清晰（20%）				
现场 5S 工作情况	工具整理、现场清扫等（20%）				

课后拓展

（1）车用压缩天然气有哪些技术规范？你认为最重要的是哪些方面？

（2）压缩天然气汽车作业安全有哪些内容？

项目四

城市公交车辆发动机冷却系统

任务一　城市公交车发动机冷却系统认知

学习目标

（1）掌握冷却系统的作用与组成。

（2）熟知冷却系统主要零部件。

情境导入

今天该小明对城市公交车进行出车前的检查，但他不明白如何对发动机冷却系统进行检查，假设你是教练，为小明讲解关于发动机冷却系统的相关知识。

知识准备

一、冷却系统的功用和组成

城市公交车用发动机冷却系统的功用就是使工作中的发动机得到适度的冷却，从而保持发动机在最适宜的温度范围内工作。另外，冷却系统还为暖风系统提供热源。

冷却系统按其冷却介质分，主要有水冷式和风冷式两种。水冷系统是以水为冷却介质，热量先由机件传给水，靠水的流动把热量带走而后散入大气中，散热后的水再重新流回到受热机件处，如图 4-1-1（a）所示。风冷系统是以空气作为冷却介质的发动机，如图 4-1-1（b）所示。

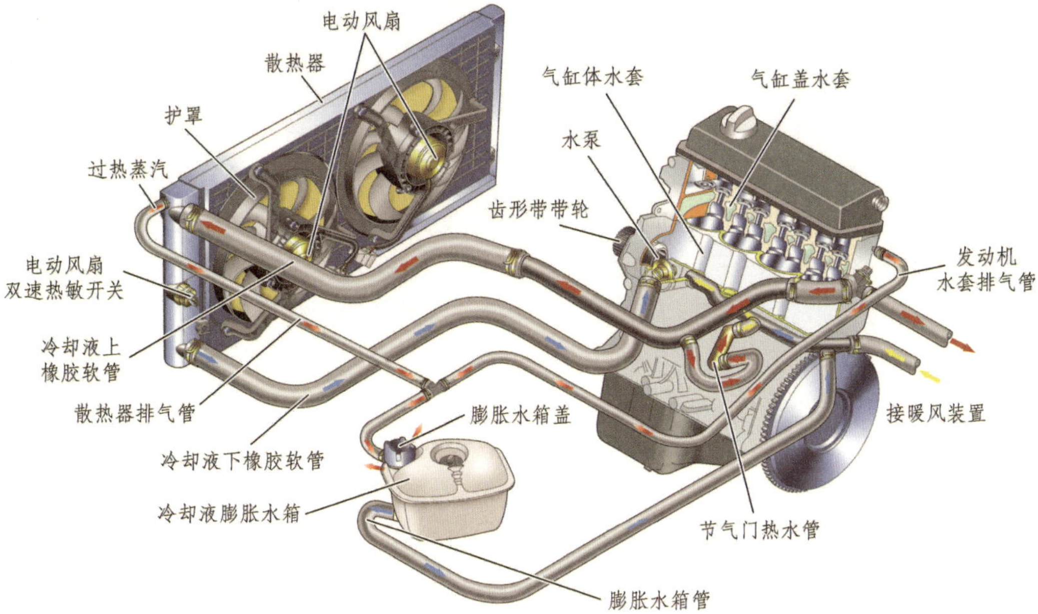

（a）水冷式发动机系统布置图

（b）风冷式发动机

图 4-1-1　水冷式和风冷式发动机

现代城市公交车发动机均采用封闭式强制循环水冷却系统，即用水泵强制地使冷却液在冷却系统中进行循环流动，使发动机中高温零件的热量先传递给冷却液，然后散发到大气中。

水冷却系统一般由水泵、散热器、节温器、冷却风扇、风扇控制机构、水套、膨胀水箱、温度指示器及报警灯等组成，如图 4-1-1（a）所示。

二、冷却系统的工作原理

城市公交车用发动机冷却系统工作原理如图 4-1-2 所示。发动机工作时，水泵将冷却液压入发动机气缸体水套，然后流入气缸盖水套，吸收气缸体和气缸盖的热量。此后冷却液分两路循环：一路为大循环，即冷却液流经散热器冷却后，进入装在机体水泵进口处的节温器，流向水泵进水口；另一路为小循环，即冷却液直接进入节温器后的水泵进水口，不经散热器冷却。当冷却液的温度低于 85 °C 时，进行小循环；当冷却液的温度高于 85 °C 时，部分冷却液进行大循环；当冷却液温度达到（102 ± 3）°C 时，流经散热器的冷却液全都参加大循环，而小循环是常开的，这样可使冷却系统的温度提高到一个较高的水平，改善发动机的热效率，同时可以确保冷却系统始终有冷却液在循环，保持发动机在最佳温度下工作。

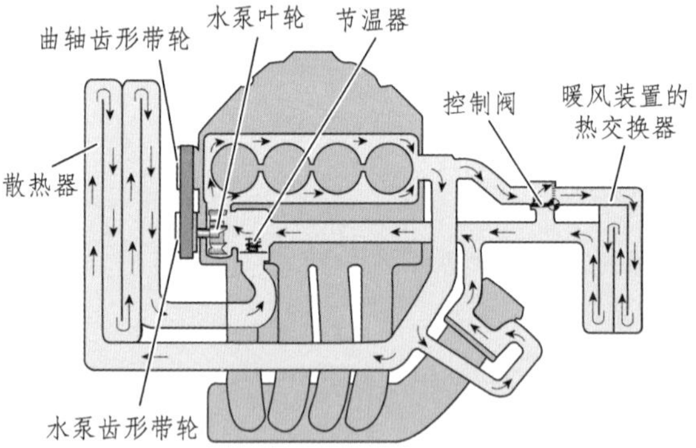

（a）冷却系统的大循环示意图

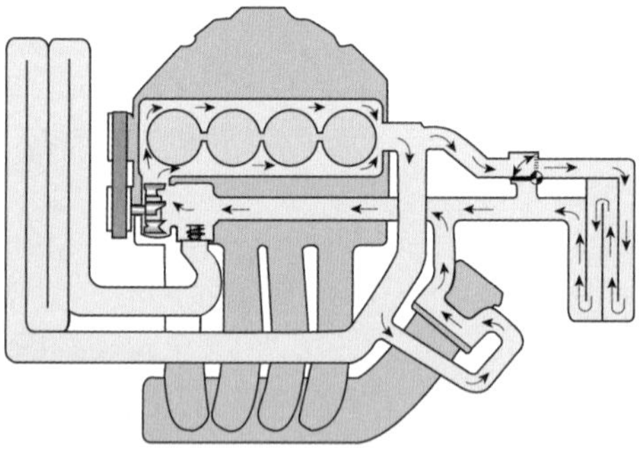

（b）冷却系统的小循环示意图

图 4-1-2　冷却系统的循环示意图

为了提高混合气雾化程度，利用冷却液的热量对进入进气歧管内的混合气进行预热，车上的暖风装置利用冷却液带出的热量来达到取暖的目的。当需要取暖时，打开暖气控制阀，从气缸体水套流出的部分冷却液可流入暖风热交换器供暖，随后流回水泵。

三、冷却系统的主要零部件

1. 水　泵

水泵的作用是对冷却水加压，使之在冷却系中循环流动。目前，汽车发动机一般采用离心式水泵。离心式水泵由壳体、叶轮、泵盖板、水泵轴、支承轴承、水封等组成，如图 4-1-3 所示。

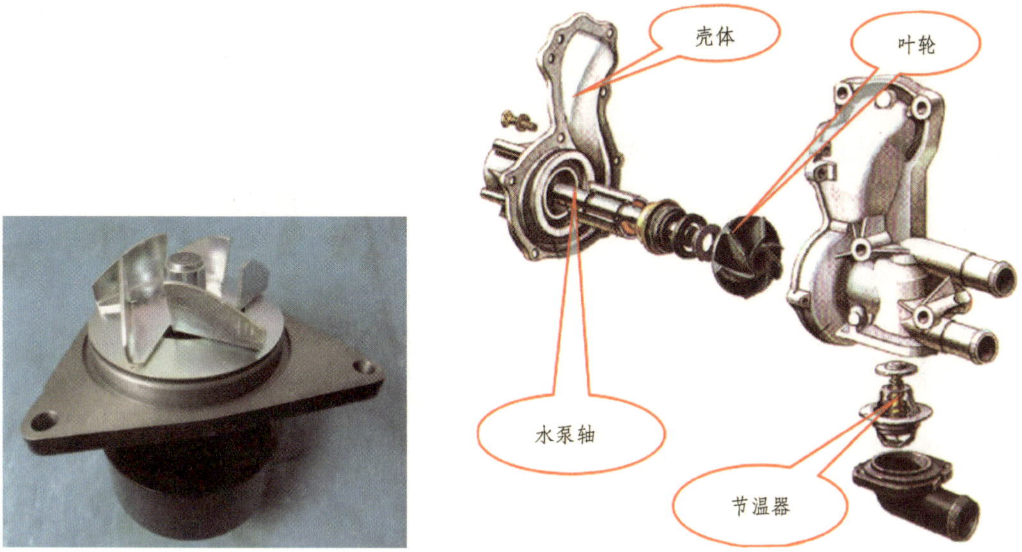

图 4-1-3　水泵的组成

当水泵轴转动，冷却水由进水管到叶轮中心，叶轮转动产生离心力，经出水口积压到气缸体水套中去，叶轮的中心部分形成低压，散热器中的冷却水又从进水管泵到叶轮中心，如此循环不息，如图 4-1-4 所示。

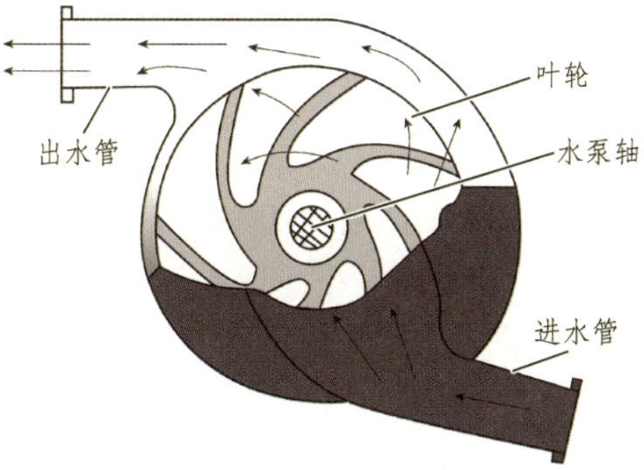

图 4-1-4　离心式水泵工作原理

2. 散热器

散热器的主要作用是将水套出来的热水自上而下或横向地流成许多小股，并将其热量散发给周围的空气。散热器由上水室、下水室、散热器芯、散热器盖等组成，如图 4-1-5 所示。

散热器上水室顶部有加水口，冷却水由此注入整个冷却系并用散热器盖盖住。上水室和下水室分别装有进水管和出水管，进水管和出水管分别用橡胶软管与气缸盖的出水管和水泵的进水管相连。这样，既便于安装，而且当发动机和散热器之间产生少量位移时不会漏水。在散热器下面一般装有减振垫，防止散热器受振动损坏。在散热器下水室的出水管上还有放水开关，必要时可将散热器内的冷却水放掉。

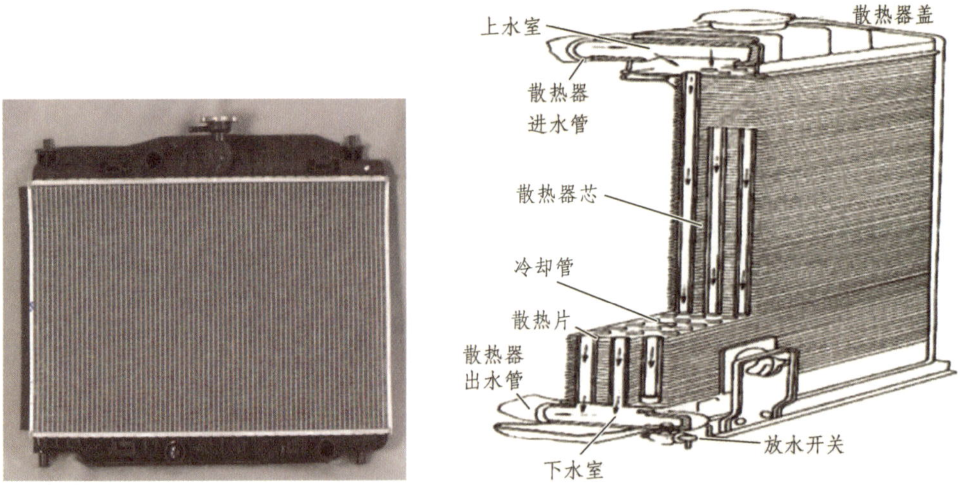

图 4-1-5　散热器的结构

散热器盖安装在加水口上，如图 4-1-6 所示。闭式冷却系统与外界大气不直接相通，散热器盖上带有蒸汽-空气阀，使冷却系统的压力高于大气压力，冷却水的沸点有所提高。

散热器芯是散热器的核心部分，起主要的散热作用，如图 4-1-7 所示。散热器芯由散热管、散热片等组成。由于它具有足够的散热面积，因此能保证将必需的热量从发动机散发到周围的大气中去。散热器芯一般采用导热性能好的铝金属及其合金制造，能使散热器芯以最小的质量和尺寸达到最好的散热效果。散热器芯的构造形式多种多样，常用的有管片式和管带式两种。

图 4-1-6　散热器盖

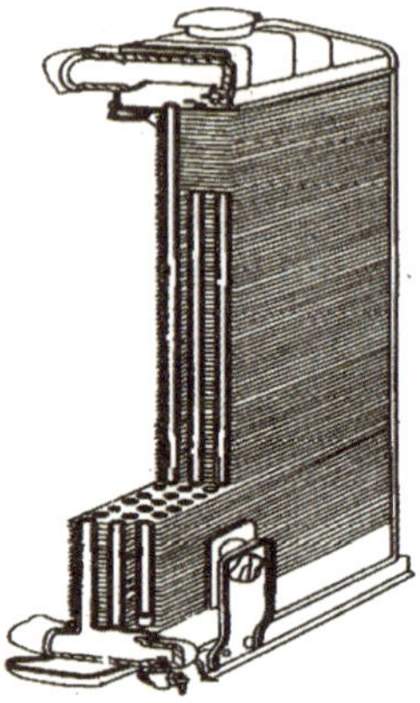

图 4-1-7　散热器芯

现代 CNG 发动机为增强冷却效果，通常还设置有散热风扇，如图 4-1-8 所示。散热风扇的作用是提高流经散热器的空气流速和流量，以增强散热器的散热能力并冷却发动机附件。风扇多为轴流式，装在发动机与散热器之间，与水泵同轴驱动。风扇用螺钉安装在水泵轴前端的皮带轮或凸缘盘上。风扇的扇风量主要与风扇的直径、转速、叶片形状、叶片安装角及叶片数目有关。

图 4-1-8　散热风扇

3. 节温器

节温器的作用是随发动机负荷大小和水温的高低而自动改变冷却液的流量和循环路线，保证发动机在适宜的温度下工作，减少燃料消耗和机件的磨损，其结构如图 4-1-9 所示。

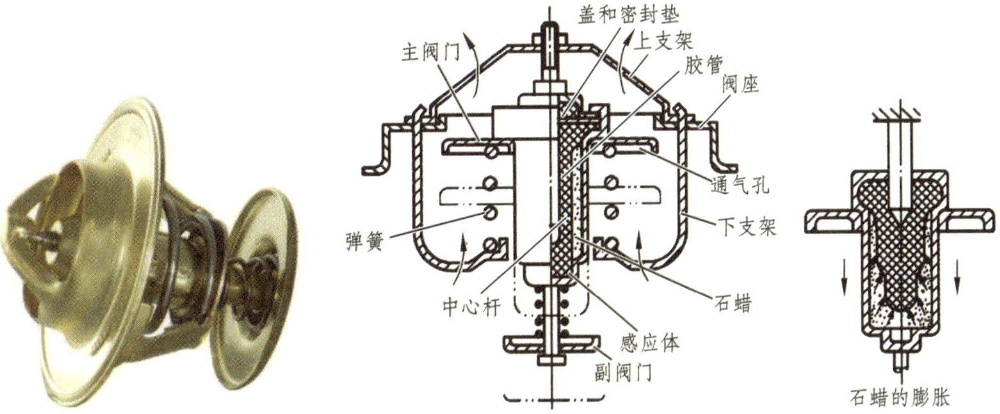

图 4-1-9　节温器的结构

目前，CNG 发动机广泛使用蜡式节温器。当冷却温度低于规定值时，节温器感温体内的精致石蜡呈固态，节温器阀在弹簧的作用下关闭发动机与散热器之间的通道，冷却液经水泵返回发动机，进行发动机内的小循环。当冷却液温度达到规定值后，石蜡开始融化逐渐变为液体，体积随之增大并压迫橡胶管使其收缩。在橡胶管收缩的同时，对推杆作用以向上的推力，推杆对阀门有向下的反推力使阀门开启。这时，冷却液经由散热器和节温器阀，再经水泵流回发动机，进行大循环。

节温器大多数布置在气缸盖出水管路中，这样的优点是结构简单，容易排除冷却系统中的气泡；缺点是节温器在工作时经常开闭，产生振荡现象。

任务实施

一、实施准备

（一）任务名称

汽车冷却系统的认知。

（二）资源要求

（1）根据工位数量将学生分组，每小组 6 人分工协作操作。
（2）做好车辆安全防护工作，对完工车辆进行检验，并做好现场 5S 工作。
（3）操作设备及资料清单（见表 4-1-1）。

表 4-1-1　操作设备及资料清单

序号	名　称	型　号	数量
1	实训城市公交客车整车	CK6106	2
2	城市公交客车使用手册	CK6106	5
3	任务工单		1 份/人

二、任务执行

在教师的带领下对城市公交车发动机冷却系统结构进行认知，根据任务书填写各零部件、总成的名称。

考核评价

实施评价见表 4-1-2。

表 4-1-2　任务实施评价表

考核项目	评价标准	评价方式			得分
认知流程图是否完成	根据需要进行试车验证（40%）	自评	互评	教师评价	
认知计划是否合理	按照计划顺利实施任务（20%）				
任务书填写是否规范	认知过程规范，任务书填写清晰、正确（20%）				
现场 5S 工作情况	工具整理、现场清扫等（20%）				

课后拓展

（1）城市公交车用发动机冷却系统由哪些零部件组成？

（2）城市公交车用发动机冷却系统散热器在使用中应注意哪些事项？

任务二　发动机冷却液的检查与加注

学习目标

（1）掌握冷却液的基础知识。

（2）掌握发动机冷却液的检测与加注技能。

情境导入

小明练习所驾驶的城市公交车在行驶途中，发动机出现了“开锅”故障，假设你是教练，如何紧急处理此故障，并为小明讲解出车前发动机冷却水的检查与加注。

知识准备

冷却液是发动机冷却系统中最重要的工作介质，汽车常用的冷却液有水及加有防冻剂的防冻冷却液。

一、水冷却液

水冷却液是指直接用水作冷却液，它具有简单、方便的优点。但是，水沸点低、易蒸发，需经常添加。冷却水最好选用软水，即含盐分少的水，如雨水、雪水、自来水等。否则，易在水套内形成水垢，从而降低气缸盖和气缸体的传热性能，使发动机过热。水在严寒冬季易结冰，过夜必须放水，否则会因为结冰时体积膨胀，造成胀裂气缸体、气缸盖的严重事故。

二、防冻冷却液

防冻冷却液主要由防冻剂与水按一定比例混合而成，最常用的防冻剂是乙二醇，乙二醇可降低冰点并提高沸点。冷却液中水与乙二醇的比例不同，其冰点也不同，如表 4-2-1 所示。

表 4-2-1　冷却液的冰点与乙二醇质量分数的关系

冷却液冰点/°C	乙二醇的质量分数/%	水的质量分数/%
－10	26.4	73.6
－20	36.2	63.8
－30	45.6	54.4
－40	52.3	47.7
－50	58.0	42.0
－60	63.1	36.9

有些车型使用的防冻冷却液中还加有添加剂，添加剂有防止冷却液腐蚀、沉积（水垢）、形成泡沫和过热的作用。

乙二醇型防冻冷却液有不同的牌号，应按汽车使用说明书的规定要求选用和定期更换防冻冷却液（见表 4-2-2）。注意：不同牌号的防冻冷却液不可混用。

表 4-2-2　常见发动机冷却液更换周期

发动机型号	冷却液牌号	容量/L	更换周期
凯越（1.6 L）轿车发动机	DEX-COOL	7.2	每 24 万千米或 5 年
卡罗拉（1.6 L）轿车发动机	丰田高级长效冷却液或类似的优质乙二烯乙醇型冷却液	5.6（手动变速器车型）或 5.5(自动变速器车型)	第一次行驶 16 万 7 千米，然后每行驶 8 万 7 千米更换一次
桑塔纳 2000GSi 轿车 AJR 发动机	NO52 774 BO 或改进型冷却液 NO52 774 CO	6.0	行驶 6 万千米或 2 年
五菱荣光汽车	张家港迪克发动机冷却液	4.6	每隔 2 年或行驶 4 万千米更换（如有泄漏，随时补充）

注：更换同期中的行驶里程和年数，以先达到者为准。

三、对冷却液的环境保护和安全措施的要求

1. 环境保护

（1）冷却液是一种对水有污染的液体，属于对水有轻微污染的物质，因此不允许将冷却液排入地表水域和下水道，作业时只能在防渗的地面上进行。

（2）废弃的冷却液要单独盛装，并妥善保管和回收利用。

（3）沾上冷却液的抹布或物品，不得作为生活垃圾处理。

2. 安全措施

（1）冷却液对人皮肤有损害，作业时应戴上个人防护装备。

（2）沾上冷却液的衣服或鞋子，必须立即脱下并更换。

（3）皮肤接触到冷却液，立即用水和肥皂清洗并彻底冲洗。

（4）眼睛接触到冷却液，应翻开眼皮并用流水冲洗眼睛几分钟，然后尽快去医院治疗。

（5）吸入冷却液，立即漱口并喝下大量清水，然后尽快去医院治疗。

任务实施

一、实施准备

（一）任务名称

发动机冷却液的检查与加注。

（二）资源要求

（1）根据工位数量将学生分组，每小组6人分工协作操作。

（2）做好车辆安全防护工作，对完工车辆进行检验，并做好现场5S工作。

（3）操作设备及资料清单（见表4-2-3）。

表4-2-3　操作设备及资料清单

序号	名　称	型　号	数量
1	实训城市公交客车整车	CK6106	2
2	城市公交客车使用手册	CK6106	2
3	维修工具车		2
4	任务工单		1份/人

二、任务执行

（一）冷却液液面高度的检查

注意：每周至少检查一次发动机冷却液液面高度，以便车辆保持在最佳行驶状态。

冷却液储液罐是透明的，冷却液储液罐通过软管与散热器相连。冷却液储液罐收集温度升高时溢出的冷却液，否则这些冷却液就会从系统中溢出。

要检查冷却液液面高度时，则打开发动机舱盖，并观察冷却液储液罐，没有必要打开散热器盖。应在发动机冷却时，检查冷却液储液罐中冷却液液面高度（见图4-2-1），正常的冷却液液面高度应在“FULL”和“LOW”之间，如果发现冷却液液面高度低于“LOW”标志时，应打开冷却液储液罐盖，加注冷却液达“FULL”标志，然后重新盖好冷却液储液罐盖。

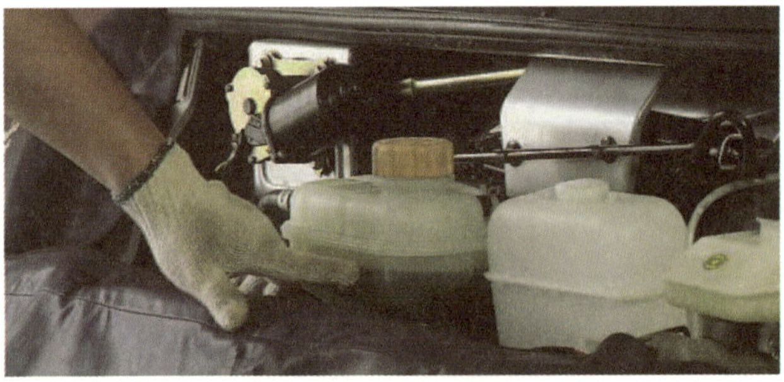

图4-2-1　检查冷却液液面高度

（二）冷却液的更换

1. 注意事项

汽车出厂时发动机加注的冷却液由 48%的蒸馏水和 52%的防冻剂组成，冰点为 −40 °C；具有防生锈、防腐蚀、高沸点等特性，使用中应选用 SGMW 指定的品种。冷却液的冰点应比该地区最低环境温度至少低 5 °C，但冷却液中防冻剂的浓度不能大于 60%，否则影响冷却液的散热能力。冷却液每 2 年或汽车行驶 4 万千米（先到为准）应当全部更换一次。

发动机的冷却系统容积为 4 L。加注程序中列出的容量包括用于在进行静态重灌后排出留在冷却液系统中的空气的额外数量。

将冷却液回收并储存在冷却液收集容器中，定期将旧冷却液交送回收，绝不可将旧冷却液倒入下水道。防冻剂是有毒的化学制品，将其排入下水系统或地下水属违法行为，而且会破坏生态环境。

不要使用冷却系统密封剂（或类似的密封剂），除非另有规定。使用冷却系统密封剂（或类似密封剂）会限制冷却液在冷却系统或发动机部件中的流动。冷却液流动受阻会造成发动机过热，损坏冷却系统或发动机零部件。

添加冷却液时，冷却液不能全部排空，除非是在拆卸水泵时。

2. 冷却液的排放

（1）将车停泊在水平地面上。

（2）在发动机冷却后，通过以下程序拆卸散热器的盖子。

① 逆时针方向缓慢转动散热器盖至止动器。旋转散热器盖时，切勿按压。

② 等待排空残余压力（有嘶嘶声）。

③ 当嘶嘶声停止后，继续逆时针旋转散热器盖，将其打开。

（3）将冷却液收集容器放在车辆下方，收集所有排放的冷却液。

（4）运转发动机直到散热器上部软管发热，这表明节温器阀已打开，冷却液开始流过散热器。

（5）关闭发动机并打开散热器放水塞，排出冷却液，并注意收集好。

（6）排完后拧紧放水塞。

（7）给系统注满水并运转发动机直到散热器上部软管发热。

（8）重复第（5）~（7）步数次，直到排出的液体接近无色。

（9）排空系统中的水，为了充分排出，需将散热器的上部水管下端也拆开，排完水后再重新装好水管和放水塞。

（10）取下冷却液储液罐，打开冷却液储液罐盖（用手从盖子的凸缘往上掰开），排出里面的冷却液。

3. 冷却液的添加

（1）拧紧散热器出口软管的卡箍。

（2）用肥皂水洗干净冷却液储液罐内部。

（3）将冷却液储液罐装好，并加注合格的冷却液到“FULL”位，盖好储液罐盖。

（4）拆开与发动机连接的暖风机出水管上的排气帽，排出系统中的空气，从散热器注水口向系统加入合格的冷却液，当排气口中有冷却液流出时，装上暖风机出水管排气帽。

（5）在散热器盖打开状态下运转发动机，在散热器上部软管发热时，向散热器中再慢慢补充冷却液，直到加满。

（6）关闭发动机，盖好散热器盖。

考核评价

考核评价见表 4-2-4。

表 4-2-4　任务实施评价表

考核项目	评价标准	评价方式			得分
任务流程图是否完成	根据需要进行试车验证（40%）	自评	互评	教师评价	
任务计划是否合理	按照计划顺利实施任务（20%）				
任务实施填写是否规范	任务实施规范，任务书填写清晰、正确（20%）				
现场 5S 工作情况	工具整理、现场清扫等（20%）				

课后拓展

（1）简述冷却液的使用要求。

（2）冷却加注时候应注意哪些内容？

项 目 五

城市公交车辆发动机润滑系统

任务一　发动机润滑系统认知

学习目标

（1）掌握城市公交车用发动机润滑系统的功用及组成。

（2）熟练认知城市公交车发动机润滑系统各零部件。

情境导入

小明在进行出车前日常维护的时候，教练让他注意观察机油量是否足够，小明很困惑让他这样做的原因，假设你是教练，为小明讲解发动机润滑系统的相关知识。

知识准备

一、润滑系统的功用

当发动机工作时，许多零部件都在高速运转，各运动副必然存在着较大的摩擦，为有效保证各运动副正常工作，延长发动机的使用寿命，都必须用发动机润滑油（也称为机油）来润滑。

润滑系统的功用就是将机油输送到发动机各个需要润滑的部位，以达到提高发动机工作可靠性和耐久性的目的。同时，润滑系统还兼具以下作用：

清洗：机油在润滑系内不断循环，清洗摩擦表面，带走磨屑和其他异物。

冷却：机油在润滑系内循环带走摩擦产生的热量，起到冷却作用。

密封：在运动零件之间形成油膜，提高它们的密封性，有利于防止漏气或漏油。

防锈蚀：在零件表面形成油膜，对零件表面起保护作用，防止腐蚀生锈。

润滑油可用作液压油，起液压作用，如液压挺柱中的液压油。

发动机润滑系统主要通过压力润滑、飞溅润滑、润滑脂润滑三种润滑方式实现。

压力润滑是以一定的压力把机油供入摩擦表面的润滑方式。这种方式主要用于主轴承、连杆轴承及凸轮轴承等负荷较大的摩擦表面的润滑。

飞溅润滑是利用发动机工作时运动零件飞溅起来的油滴或油雾来润滑摩擦表面的润滑方式。它可使裸露在外面承受载荷较轻的气缸壁、相对滑动速度较小的活塞销，以及配气机构的凸轮表面、挺柱等得到润滑。

润滑脂润滑是通过润滑脂嘴定期加注润滑脂来润滑零件的工作表面，如水泵及发电机轴承等。

二、润滑系统的组成与工作原理

（一）润滑系统的组成

城市公交车用发动机润滑系统主要由机油泵、机油滤清器、集滤器、油道等组成，另外还包括机油压力开关、机油指示灯（在仪表板上）、机油冷却器等，如图 5-1-1 所示。

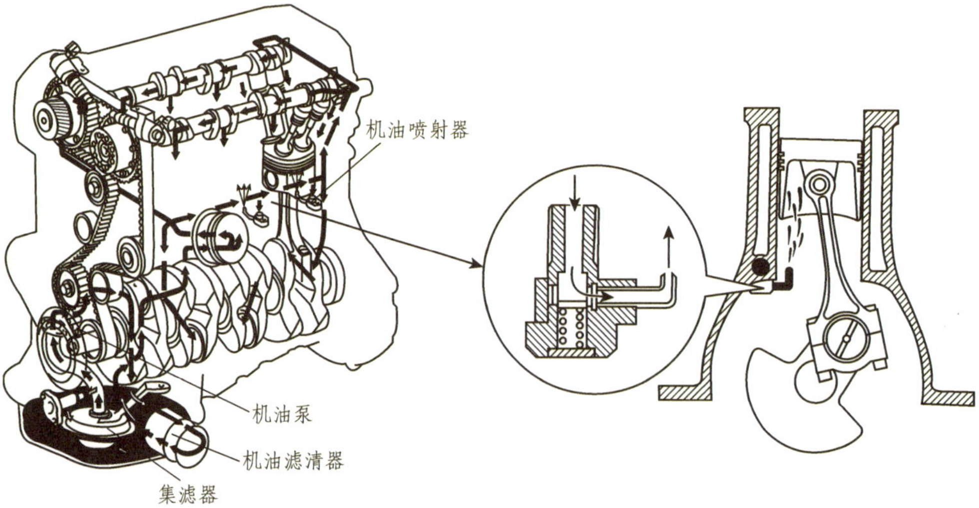

图 5-1-1　润滑系统的组成

（二）润滑系统的工作原理

如图 5-1-2 所示为城市公交车用发动机润滑系统示意图。发动机工作时，机油在机油泵的作用下，经集滤器粗滤掉较大的机械杂质，流入纵向主油道执行压力润滑任务；小部分机油（10%~15%）经机油细滤器滤去较细的杂质和胶质后流回油底壳。

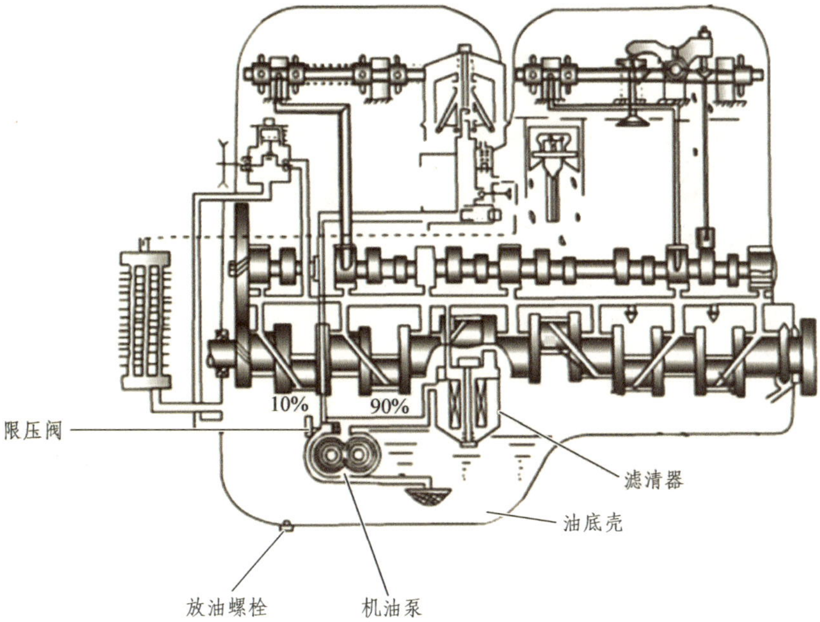

图 5-1-2 发动机润滑系统示意图

进入主油道的机油分成四道油路，分别润滑发动机不同的零部件：

一部分通过横向油道分别润滑曲轴主轴径和凸轮轴径，经主轴径机油从曲轴中的斜向油道润滑连杆轴径。

一部分机油从凸轮轴的第二、第四轴径处，经两个上油道通向摇臂支座，润滑摇臂轴、推杆球头和气门端部。

一部分通过第一条横向油道经过喷油嘴，喷射出去的机油用来润滑正时齿轮副。

剩余部分在第一、第二横向油道之间接出的油管通到空气压缩机曲轴中心的油道，对其连杆润滑后的机油由回油管回到油底壳中。

为保证发动机的正常润滑，在机油泵与主油道之间，与粗滤器并联设置了一个机油滤清器旁通限压阀。当机油粗滤器进油和出油道中的压力差达到 0.15~0.18 MPa 时，旁通限压阀被推开，使机油不经粗滤器而直接流入主油道。当粗滤器堵塞时，机油可直接通过旁通阀进入主油道，以保证对各摩擦表面的润滑。

三、润滑系统主要部件的构造

1. 机油泵

机油泵一般安装在气缸体的下部，由发动机曲轴直接驱动，将机油输送到发动机各运动部件接触面。机油泵常见的结构形式有三种。

（1）外啮合齿轮式机油泵。

如图 5-1-3 所示，两个互相啮合的齿轮高速旋转，在进油口处，由于两个轮齿逐渐脱离啮合而使进油腔容积增大，腔内产生一定的真空，机油经进油口被吸入进油腔，随后被轮齿带到出油腔。轮齿逐渐进入啮合而使出油腔的容积减小，使机油压力升高，机油经出油口被压入发动机内的润滑油道中。外啮合齿轮式机油泵由于驱动阻力最小，因此工作效率较高。

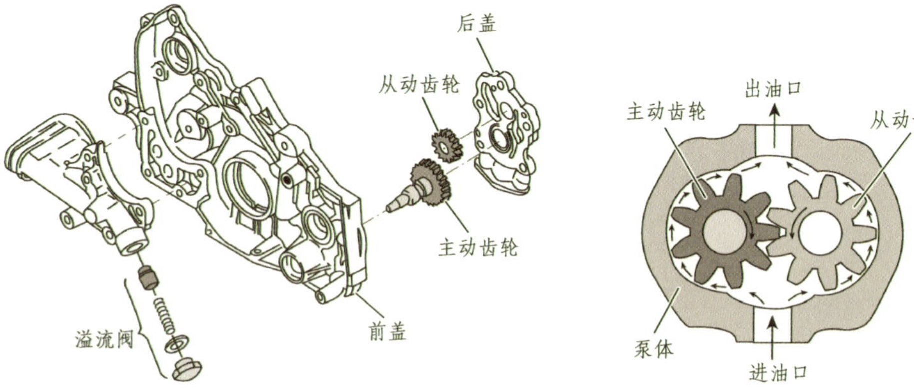

（a）结构图　　（b）工作原理图

图 5-1-3　外啮合齿轮式机油泵

（2）内啮合齿轮式机油泵。

如图 5-1-4 所示，内齿轮套在曲轴前端，为主动齿轮，机油通过月牙形隔板左、右的间隙进行输送。由于这种机油泵内、外齿轮之间有多余空间，因此工作效率较低。

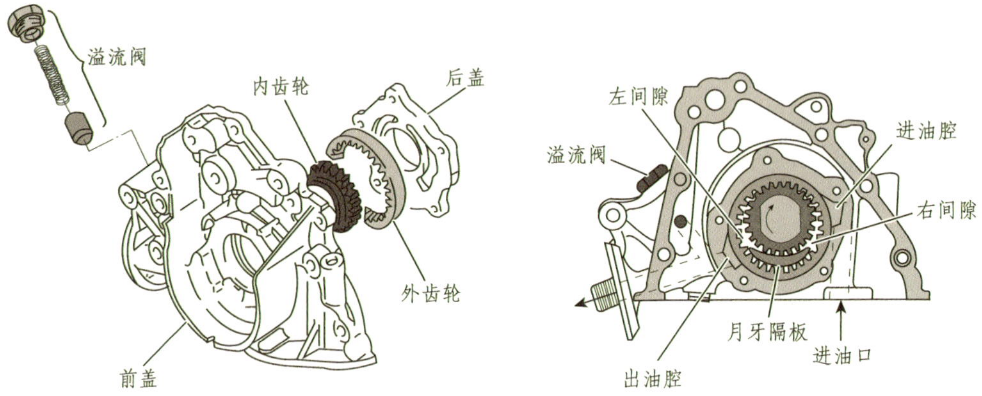

（a）结构图　　（b）工作原理图

图 5-1-4　内啮合齿轮式机油泵

（3）转子式机油泵。

如图 5-1-5 所示，内转子为主动转子，内、外转子之间有一定的偏心距。内转子的凸齿比外转子的凹齿少 1 个，使得两转子之间存在转速差，旋转时两转子之间的工作腔容积不断变化，容积变大时吸油，变小时压油。这种机油泵供油压力高、噪声比较小。

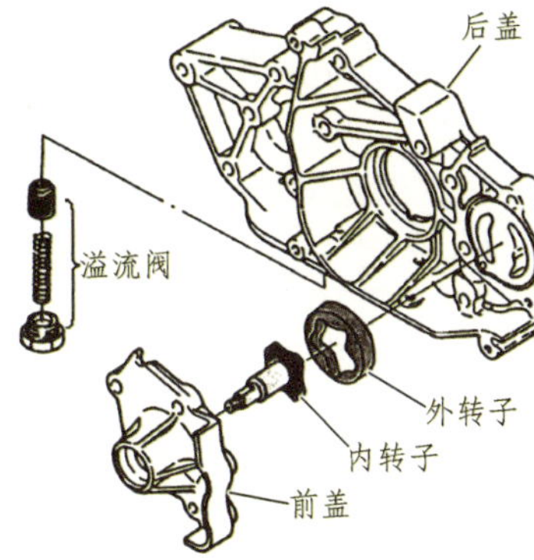

（a）结构图

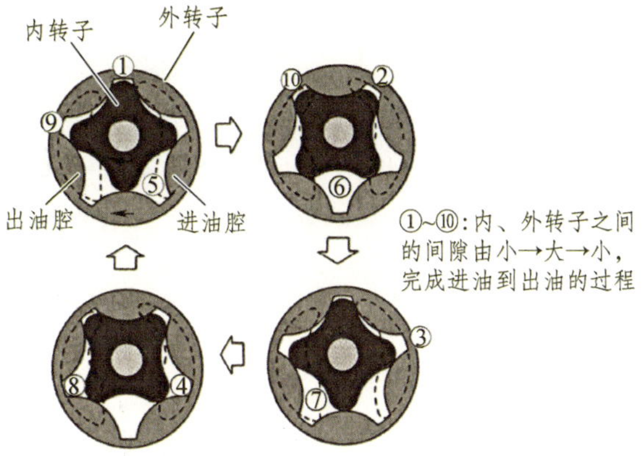

（b）工作原理图

图 5-1-5　转子式机油泵

溢流阀（也称为安全阀或限压阀）安装在机油泵壳体上，控制润滑系统的最高油压，当油压达到规定值时，溢流阀自动开启使多余的机油流回油底壳。

2. 机油集滤器

机油集滤器装在机油泵之前的吸油口端，多采用滤网式，防止粒度大的杂质进入机油泵。汽车发动机使用的集滤器有浮式集滤器和固定式集滤器两种。

（1）浮式集滤器。

浮式集滤器如图 5-1-6 所示，工作时漂浮于机油油面上，以保证机油泵总是吸入最上层较清洁的机油，但油面上的泡沫易被吸入，造成机油压力降低，润滑可靠性差。

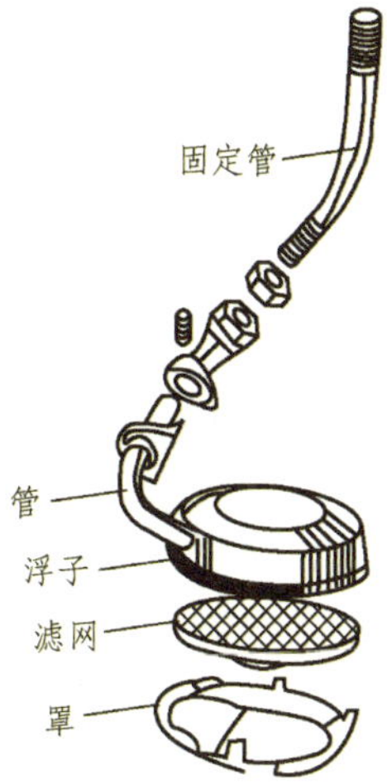

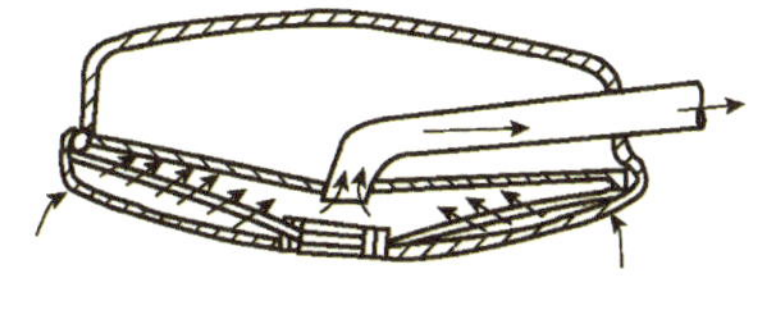

（a）润滑油经过滤网

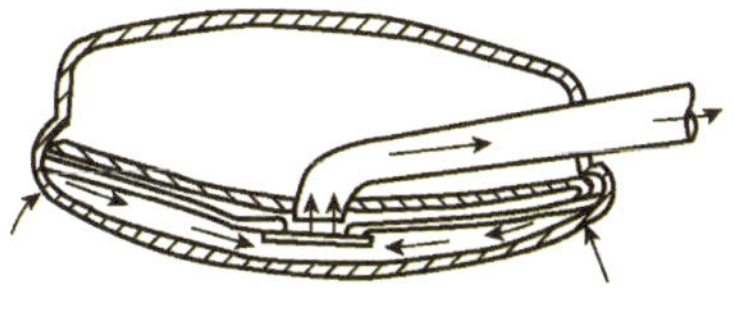

（b）润滑油不经过滤网

图 5-1-6　浮式集滤器

当机油泵工作时，机油从罩的边缘被吸入，经过滤网滤除较大的杂质后进入机油泵。如果滤网堵塞时，滤网上部产生真空，从而克服滤网弹性将滤网吸起，滤网中心处的环口离开罩，润滑油便不经过滤网而从环口直接被吸入机油泵，保证润滑不致中断。

（2）固定式集滤器。

固定式集滤器装在油面下面，如图 5-1-7 所示。吸入的机油清洁度比浮式集滤器稍差，但可防止泡沫吸入，润滑可靠，结构简单，使用广泛。

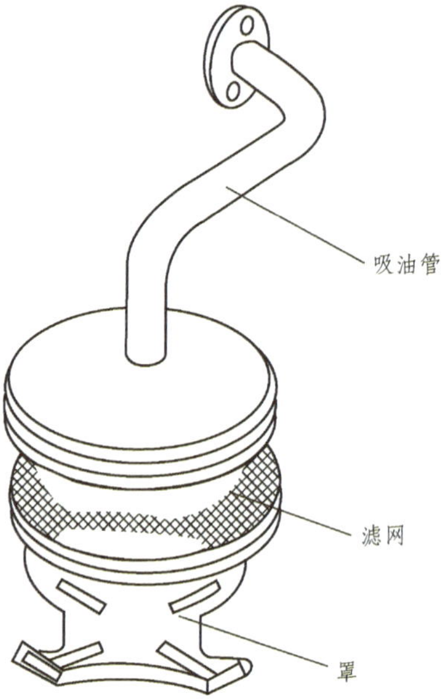

图 5-1-7　固定式集滤器

3. 机油滤清器

机油滤清器要滤除掉机油中的金属粉末、机油氧化物和燃烧物。为了防止滤清器堵塞失效，必须定期进行更换，一般在更换机油的同时也更换机油滤清器。

如图 5-1-8 所示，当滤清器没有及时更换或其他原因造成滤芯堵塞时，油压升高使旁通阀开启，机油将不通过滤芯直接进入气缸体油道。

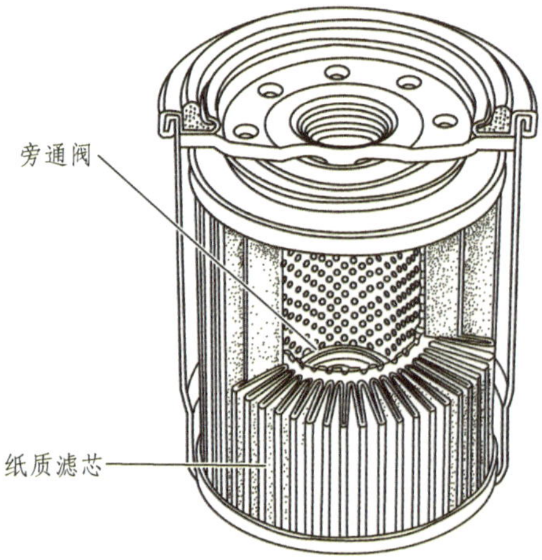

（a）结构图

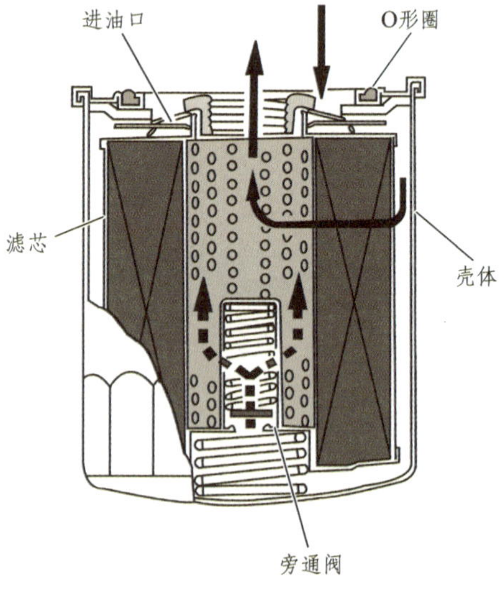

（b）工作原理图

图 5-1-8　机油滤清器

4. 机油散热器

在高性能大功率的强化发动机上，由于热负荷大，必须装设机油散热器，以对润滑油进行强制冷却。机油散热器布置在润滑油路中，有风冷式和水冷式两种形式。

（1）风冷式机油散热器。

风冷式机油散热器一般安装在发动机冷却系统散热器前面，利用冷却风扇的风力使机油冷却，如图 5-1-9 所示。

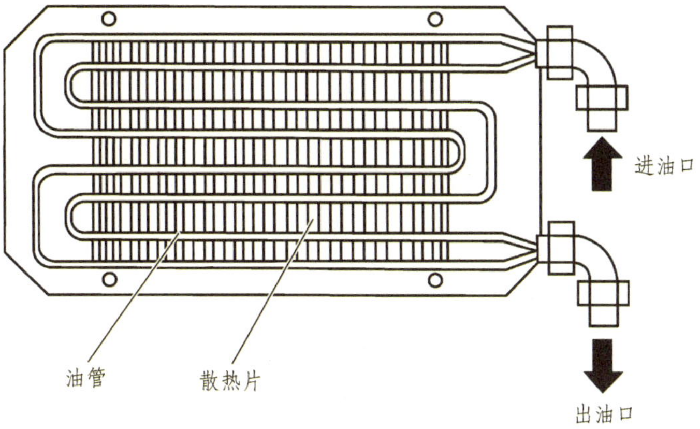

图 5-1-9　风冷式机油散热器

（2）水冷式机油散热器。

水冷式机油散热器也被称为机油冷却器，装在发动机冷却液路中，当机油温度较高时，靠冷却液降温；而启动暖车期间油温较低时，则从冷却液吸热迅速提高机油温度，如图 5-1-10 所示。

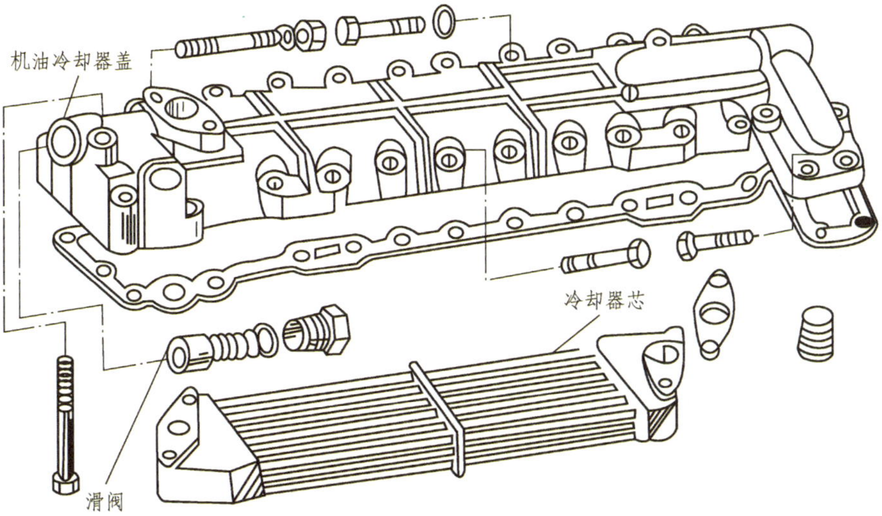

图 5-1-10　水冷式机油散热器

四、曲轴箱强制通风（PCV）系统

发动机工作时，高压的可燃混合气或废气会窜入曲轴箱内，使润滑油形成泡沫，破坏润滑油的供给，也可能导致润滑油变质、机油泄漏等不良后果。

曲轴箱强制通风就是利用发动机进气管道的真空度作用，使窜入曲轴箱内气体被吸入气缸，曲轴箱强制通风系统如图 5-1-11 所示。发动机工作时，在进气管内真空度作用下，窜入曲轴箱内的气体经钢丝网、曲轴箱通气软管和 PCV 阀被吸入到进气歧管并进入气缸燃烧。新鲜空气经滤网和空气软管进入曲轴箱内，形成不断的对流。在曲轴箱通气软管上装有单向阀（PCV 阀）是为了防止在发动机低速小负荷时进气管的真空度太大而将机油从曲轴箱内吸出。

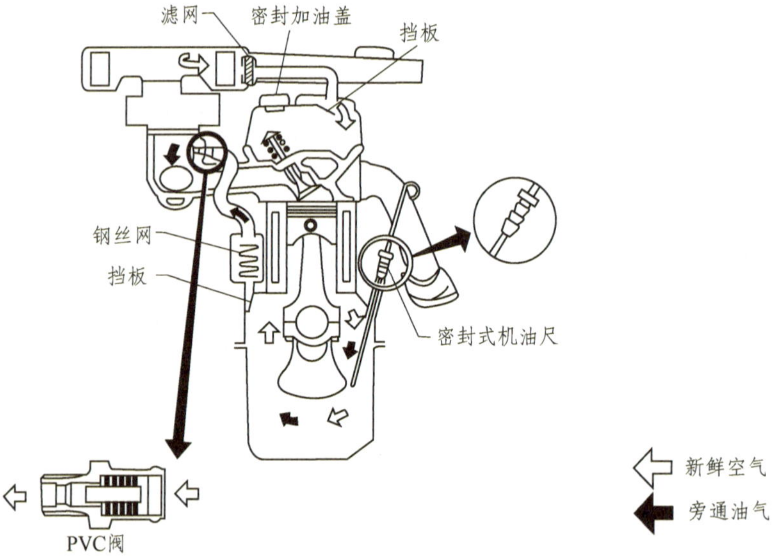

图 5-1-11　曲轴箱强制通风系统

任务实施

一、实施准备

（一）任务名称

汽车润滑系统的认知。

（二）资源要求

（1）根据工位数量将学生分组，每小组 6 人分工协作操作。

（2）做好车辆安全防护工作，对完工车辆进行检验，并做好现场 5S 工作。

（3）操作设备及资料清单（见表 5-1-1）。

表 5-1-1　操作设备及资料清单

序号	名　称	型　号	数量
1	实训城市公交客车整车	CK6106	2
2	城市公交客车使用手册	CK6106	5
3	任务工单		1 份/人

二、任务执行

在教师的带领下对城市公交车发动机润滑系统结构进行认知，根据任务书填写各零部件、总成的名称。

考核评价

实施评价见表 5-1-2。

表 5-1-2　任务实施评价表

考核项目	评价标准	评价方式			得分
认知流程图是否完成	根据需要进行试车验证（40%）	自评	互评	教师评价	
认知计划是否合理	按照计划顺利实施任务（20%）				
任务书填写是否规范	认知过程规范，任务书填写清晰、正确（20%）				
现场 5S 工作情况	工具整理、现场清扫等（20%）				

课后拓展

（1）城市公交车用发动机润滑系统的主要作用有哪些？
（2）城市公交车用发动机润滑系统由哪些零部件组成？

任务二　发动机润滑油的检查与更换

学习目标

（1）掌握城市公交车用发动机机油的功用及性能。
（2）掌握城市公交车用发动机机油的检查与更换。

情境导入

小明清楚了解了发动机润滑系统的结构后，准备检查机油量，发现机油量偏少，假设你是教练，指导小明对机油量进行检查，如有必要，请更换机油。

知识准备

一、机油的功用

机油除了最基本的润滑作用外，还具有冷却、清洗、缓冲、密封和防锈等功能。

机油的分类，国际上广泛采用 SAE（美国工程师学会）黏度分类法和 API（美国石油学会）使用性能分类法。

SAE 按照不同的黏度等级，将机油分为冬季用机油和非冬季用机油两类。冬季用机油有 6 种牌号：SAE0W、SAE5W、SAE10W、SAE15W、SAE20W 和 SAE25W；非冬季用机油有 4 种牌号：SAE20、SAE30、SAE40 和 SAE50。

如果使用上述牌号的单级机油，需要根据季节和气温的变化经常更换机油。目前普遍使用多级机油，根据气温选择适当黏度的机油，如图 5-2-1 所示。API 根据机油的性能及其适合使用的场合，将机油分为 S 系列和 C 系列两类。S 系列为汽油机油，目前有 SA ~ SH、SJ、SL 和 SM，共 11 个级别；C 系列为柴油机油，目前有 CA ~ CD、CD-Ⅱ、CE、CF-4、CF、CF-Ⅱ和 CG-4，共 10 个级别。级号越靠后，使用性能越好。目前，CNG 发动机普遍使用的是与汽油机相同的 S 系列机油。常用的 API 等级机油如图 5-2-2 所示。

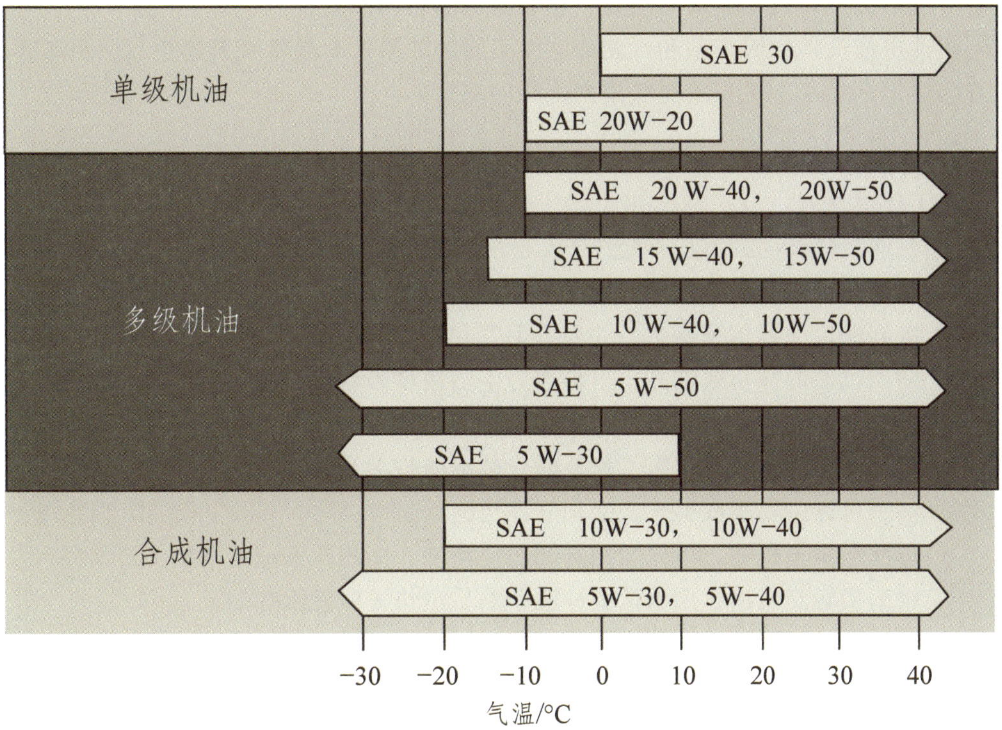

· 号数越大，机油的黏度越高，适用于较高的气温。

· 合成机油可以减小发动机运动部件的摩擦，因此能够节省燃油。

图 5-2-1 根据气温选择机油

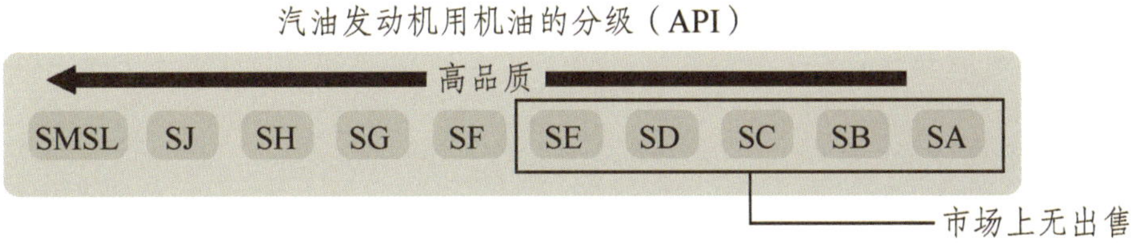

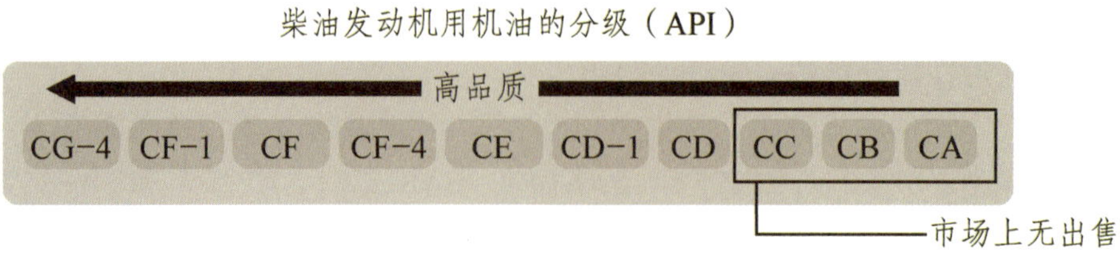

图 5-2-2　目前常用的 API 等级机油

二、机油的使用性能

1. 机油的更换周期

机油在使用过程中，由于高温氧化及燃烧物混入等原因影响，将劣化变质，润滑性能下降。因此，机油应适时更换，机油滤清器也同时更换。

机油更换周期，因车型和行驶环境而不同。如果汽车经常频繁起步、短距离行驶或在多尘地区使用，机油的更换周期应相应缩短。

2. 对机油的环境保护和安全措施的要求

（1）环境保护。

① 机油会对水形成污染，不允许排入地表水域和下水道，作业时只能在防渗的地面上。

② 机油是易燃品，存放和作业必须远离火源。

③ 废弃的机油要单独盛装，并妥善保管和回收利用。

④ 沾上机油的抹布或物品，不得作为生活垃圾处理。

（2）安全措施。

① 机油对人体皮肤有损害，作业时应戴上防护手套和穿上防护服。

② 沾上机油的衣服或鞋子，必须立即更换。

③ 皮肤上撒上机油，应立即用水和肥皂清洗，勿用汽油或溶剂作为清洁品。

④ 眼睛接触到机油，用水认真冲洗，然后尽快去医院治疗。

一、实施准备

（一）任务名称

发动机润滑油的检查与更换。

（二）资源要求

（1）根据工位数量将学生分组，每小组 6 人分工协作操作。

（2）做好车辆安全防护工作，对完工车辆进行检验，并做好现场 5S 工作。

（3）操作设备及资料清单（见表 5-2-1）。

表 5-2-1　操作设备及资料清单

序号	名　称	型　号	数量
1	实训城市公交客车整车	CK6106	2
2	城市公交客车使用手册	CK6106	5
3	维修工具车		2
4	任务工单		1 份/人

二、任务执行

1. 机油液面高度的检查

（1）运转发动机，使发动机达到工作温度（82 ~ 93 °C）后，关闭发动机，等机油流回油底壳。

（2）5 min 后，拔出机油尺。

（3）使用非绒布料将机油尺上的机油擦干净，然后将机油尺插回原位。

（4）再次拔出机油尺，观察机油在机油尺上的位置，机油应位于机油尺上的“max”刻度线与“min”刻度线标记内，如图 5-2-3 所示。同时，检查机油的污染情况。

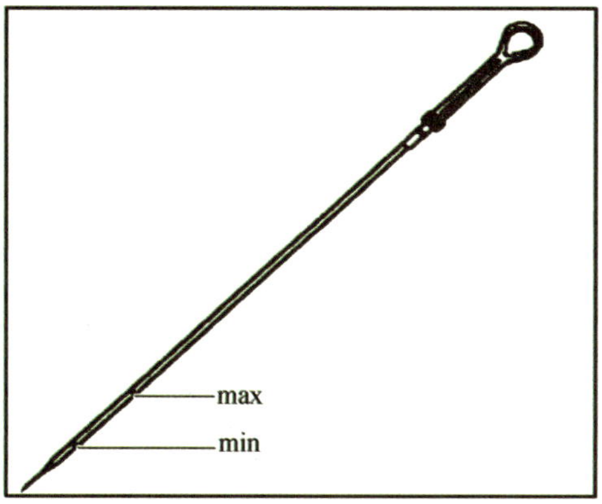

图 5-2-3　检查机油液面高度

2. 机油与机油滤清器的更换

（1）适当举升起车辆。

（2）拧下油底壳放油螺塞并放掉机油，如图 5-2-4 所示。

（3）用专用扳手拆下机油滤清器，如图 5-2-5 所示。

图 5-2-4　放掉机油

图 5-2-5　拆下机油滤清器

（4）安装新的机油滤清器前，应在密封圈上涂一层新机油，如图 5-2-6 所示。

（5）用扭力扳手拧紧机油滤清器，机油滤芯拧紧力矩为 20 N · m，如图 5-2-7 所示。

图 5-2-6　涂抹新机油

图 5-2-7　拧紧机油滤清器

（6）用扭力扳手拧紧机油放油螺塞，拧紧力矩为 35 ~ 45 N · m，如图 5-2-8 所示。

（7）降下车辆，用手拧开机油加注口盖，按要求添加推荐级别的机油，用漏斗加注机油，如图 5-2-9 所示。

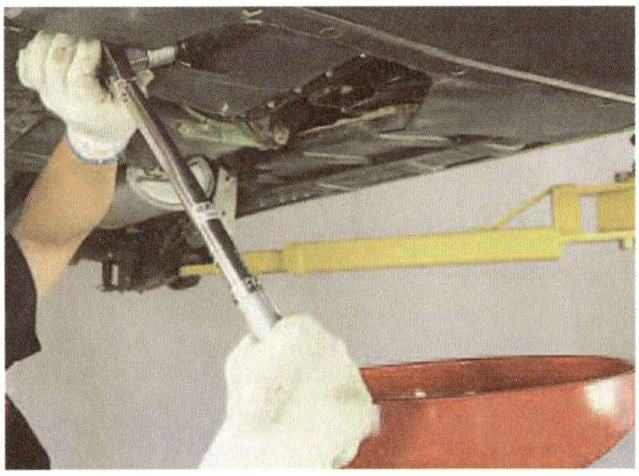

图 5-2-8　拧紧机油放油螺塞

图 5-2-9　加注机油

（8）加注完毕后，拧紧机油加注口盖。换好机油后，应再次确认机油油位，检查是否有泄漏现象。

考核评价

实施评价见表 5-2-2。

表 5-2-2　任务实施评价表

考核项目	评价标准	评价方式			得分
任务流程图是否完成	根据需要进行试车验证（40%）	自评	互评	教师评价	
工作计划是否合理	按照计划顺利诊断故障（20%）				
任务工作计划设计是否规范	实训过程规范、流程清晰（20%）				
现场 5S 工作情况	工具整理、现场清扫等（20%）				

课后拓展

（1）简述机油的使用性能。

（2）思考更换后的废弃机油应如何处理。

项目六

新型动力城市公交车辆

任务一　气电混合动力城市公交车辆的认知

学习目标

（1）了解新型动力城市公交车的发展及类别。
（2）掌握气动混合动力城市公交车辆的工作原理。
（3）熟练认知气动混合动力城市公交车辆的结构组成。

情境导入

小明今天去训练的时候，发现训练场停放着一批新的混合动力城市公交教练车，小明很好奇。假设你是教练，给小明讲解一些混合动力城市公交车辆的知识。

知识准备

混合动力城市公交车是将内燃机、电动机与动力蓄电池通过控制系统相组合，电动机可补充提供车辆爬坡、加速时所需的转矩，又可以吸收并储存内燃机富余的功率和车辆的制动能量，从而可达到大幅度降低气（油）耗，减少污染物排放，如图 6-1-1 所示。

图 6-1-1　混合动力城市公交车

一、混合动力城市公交车的类型与特点

（一）混合动力城市公交车的类型

混合动力城市公交车主要分为串联式混合动力汽车（SHEV）、并联式混合动力汽车（PHEV）、混联式混合动力汽车（PSHEV）三种类型。

串联式混合动力城市公交车由发动机驱动发电机，发电机给动力电池组充电，电池组送电给 ISG 电机，电机驱动变速箱使车辆行驶。当驱动电机高负荷运行时，发电机和电池组可同时向驱动电机提供电能，其结构如图 6-1-2 所示。

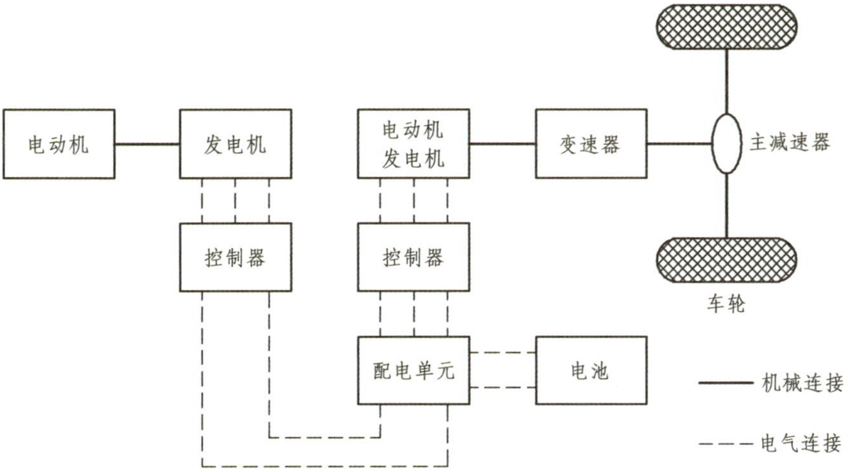

图 6-1-2　串联式混合动力城市公交车

并联式混合动力城市公交车可由发动机和电机共同驱动或各自单独驱动汽车。发动机与电机之间可以通过一个动力合成装置实现两种动力装置的接合与分离，其结构如图 6-1-3 所示。

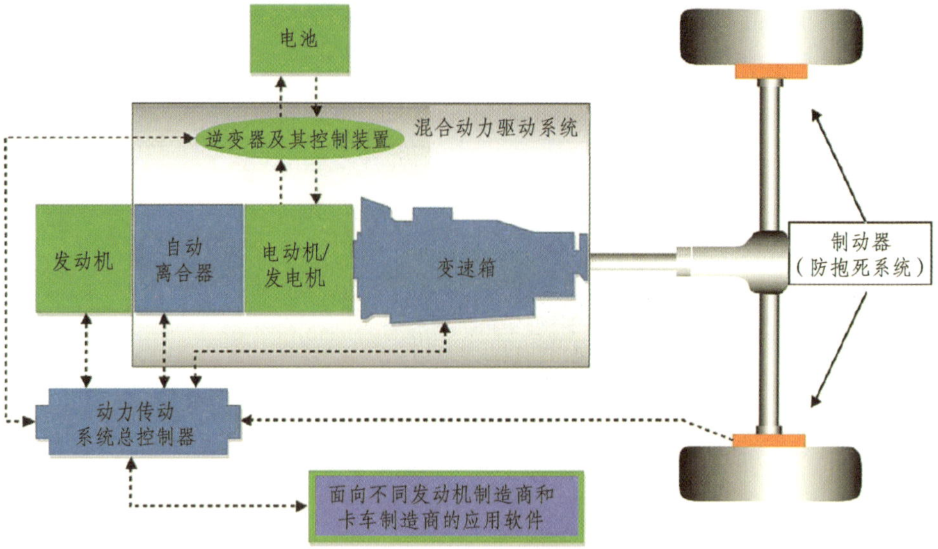

图 6-1-3 并联式混合动力城市公交车

混联式混合动力城市公交车是串联式与并联式的综合。发动机发出的功率一部分通过机械传动输送给驱动桥，另一部分则驱动发电机发电，其结构如图 6-1-4 所示。

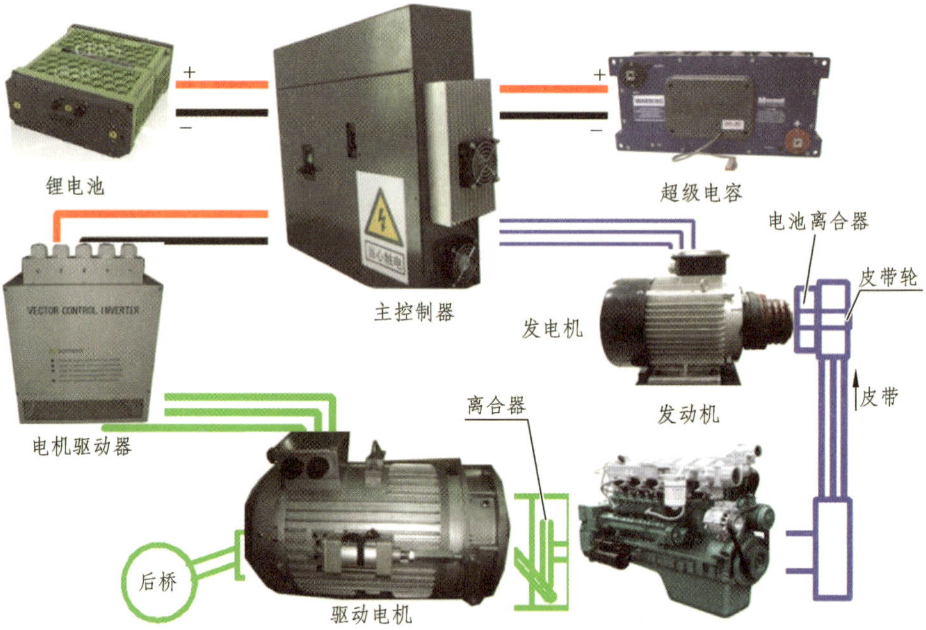

图 6-1-4 混联式混合动力城市公交车

（二）混合动力城市公交车的特点

与内燃机汽车相比，混合动力城市公交车具有以下优点：

（1）电机具有助力功能，可选用较小功率的发动机。

（2）具有停车熄火、快速启动功能，可控制发动机在最佳运行工况下运行，减少排放。

（3）具有制动回馈功能，可回收汽车减速制动时的能量，达到节能的效果。

与纯电动汽车相比，混合动力城市公交车具有以下优点：

（1）可最大限度地发挥内燃机汽车和纯电动汽车的双重优点。

（2）由于有内燃机作为原动机，混合动力汽车较纯电动汽车电池的数量和质量及功率有所减少。

（3）原动机（内燃机）的选用使混合动力汽车的续驶里程和动力性较纯电动汽车得到大大提高，可达到并超过内燃机汽车水平。

（4）借助原动机的动力，可带动空调、真空助力、转向助力及其他辅助电器，不需要消耗动力电池有限的电能。

但混合动力城市公交车也有不足之处：发动机与电机、动力电池之间的匹配和控制难度较大，结构相对复杂，维修和制造成本相比传统燃料汽车要高得多。

二、混合动力城市公交车的结构组成

混合动力城市公交车的结构因生产厂家的不同而有所不同，本书以某城市公交车制造企业的 CKZ6116HENV3 车型为例，阐述其结构组成。CKZ6116HENV3 气电混合动力城市客车采用同轴并联式结构，气体发动机和电机既可分别单独驱动车辆，也可联合动作共同驱动车辆。在电机系统出现故障时，仍然可以像传统车一样运行，从而大大提高了车辆的使用性能。它主要包括天然气发动机及其控制系统、自动变速器及其控制系统、交流永磁同步电动/发电机及其控制系统、高压电及高压电管理系统、锂离子动力电池组及其管理系统、混合动力控制系统等，如图 6-1-5 所示。

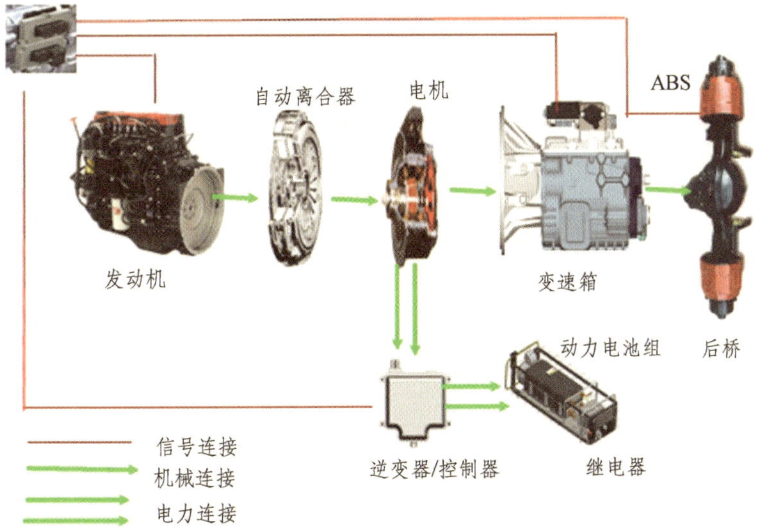

图 6-1-5　典型混合动力城市公交车结构

（一）混合动力系统工作模式

CKZ6116HENV3 气电混合动力城市客车运行时，具有纯电动模式、发动机和电机并联驱动模式、发动机单独驱动模式、再生制动模式 4 种工作模式。

1. 纯电动模式

当车辆采用纯电动模式运行时，离合器分离，动力电池组释放电能，经逆变器将直流电转换为交流电，给动力电机供电，动力电机将扭矩输入变速箱、后桥，从而驱动车辆行驶，如图 6-1-6 所示。

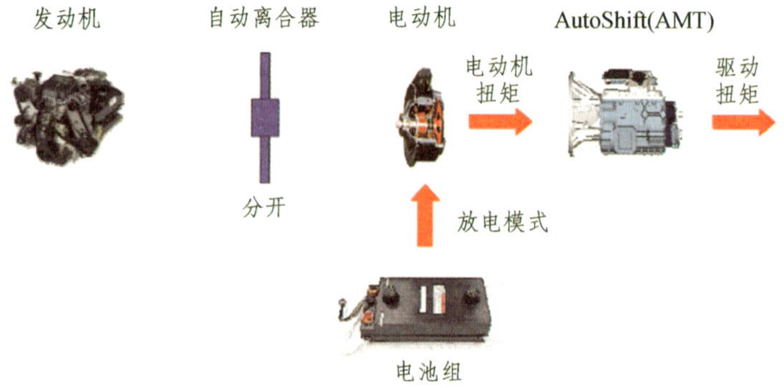

图 6-1-6　纯电动模式工作示意图

2. 并联驱动模式

并联驱动模式也称助力模式，当车辆在坡道、加速等工况行驶时，发动机运转，离合器闭合，将扭矩输入变速箱，同时动力电池组释放电能，经逆变器将直流电转换为交流电，给动力电机供电，动力电机也将扭矩输入变速箱驱动电机转动，发动机和电机共同将动力输入变速箱、后桥，从而驱动车辆加速行驶，如图 6-1-7 所示。

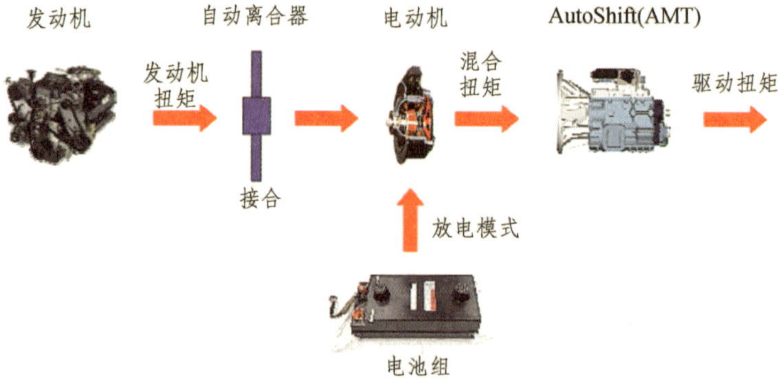

图 6-1-7　并联驱动模式工作示意图

3. 发动机单独驱动模式

当车辆采用发动机单独驱动模式运行时，发动机运转，离合器闭合，将扭矩输入电机、变速箱、后桥，从而驱动车辆行驶。当发动机有富余功率的时候，电机转换为发电机工作状态，所发出的交流电经逆变器转换为直流电，对电池组进行充电，如图 6-1-8 所示。

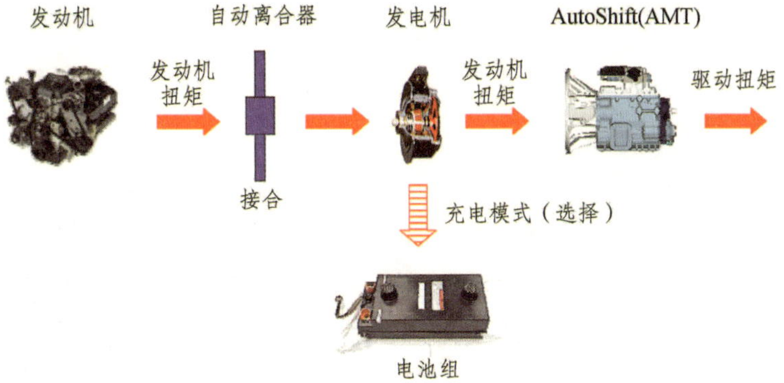

图 6-1-8　发动机单独驱动模式工作示意图

4. 再生制动模式

当车辆制动、减速、停车时，驱动桥传来的惯性扭矩，经变速箱带动电机运转，电机转换为发电机工作状态，所发出的交流电经逆变器转换为直流电，对电池组进行充电，如图 6-1-9 所示。

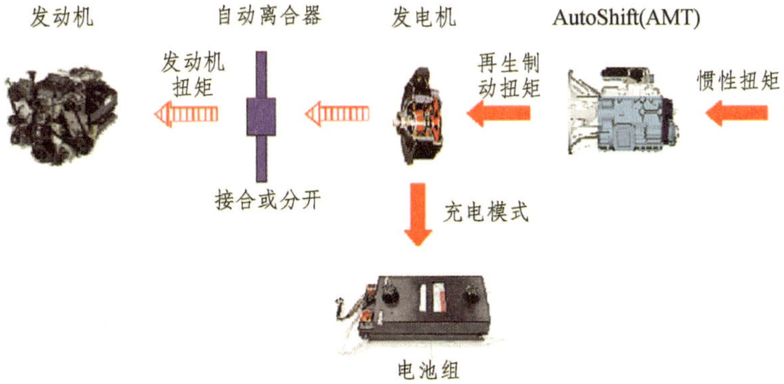

图 6-1-9　再生制动模式工作示意图

（二）混合动力城市公交车典型零部件

1. 整车控制系统（HCU）

整车控制系统（HCU）承担对整个混合动力城市公交车动力总成的管理功能，其结构如图 6-1-10 所示，负责控制动力总成唤醒、电源（高压蓄电池组与 24 V 普通蓄电池）、附件（如空调等）、发动机启动或停机、扭矩分配、整车故障失效控制等主要功能。它通过 CAN 通信无干扰地与发动机 ECU 进行信息交换，当 HCU 失效的情况下，ECU 的油门信号自动切换到整车油门传感器，保证驾驶员能够正常操作车辆。

2. 电池管理系统（BMS）

电池管理系统（BMS）监测蓄电池组的模块电压和温度等参数，负责对蓄电池组进行管理，包括蓄电池安全、充放电过程控制参数监测、外接充电器过程控制等，其结构如图 6-1-11 所示。

图 6-1-10　整车控制系统

图 6-1-11　电池管理系统

3. 动力电池组

混合动力城市公交车共搭载 192 个单体电池，每 2 个电池单体并联而成 1 个电池模块，共 96 个电池模块，再串联组成动力电池组，其输出电压高达 346 V，如图 6-1-12 所示。

4. 驱动电机及控制器

驱动电机与变速器一轴同轴布置，在加速或助力工况下，离合器呈接合状态，发动机将动力经变速器传递到驱动轴，同时，控制管理系统将控制动力电池组内的高压电经逆变器转换成三相交流电传输给驱动电机，电动机产生电磁驱动力加载到一轴上，增大输出端的动力，其结构如图 6-1-13 所示。

图 6-1-12　动力电池组

图 6-1-13　驱动电机

电机控制器主要控制电机转速、转矩，同时控制电机制动，其结构如图 6-1-14 所示。

图 6-1-14　电机控制器

任务实施

一、实施准备

（一）任务名称

气电混合动力城市公交车的认知。

（二）资源要求

（1）根据工位数量将学生分组，每小组 6 人分工协作操作。
（2）做好车辆安全防护工作，对完工车辆进行检验，并做好现场 5S 工作。
（3）操作设备及资料清单（见表 6-1-1）。

表 6-1-1　操作设备及资料清单

序号	名　称	型　号	数量
1	实训气电混合动力城市公交车	CKZ6116HENV3	2
2	城市公交客车使用手册	CKZ6116HENV3	6
3	任务工单		1 份/人

二、任务执行

在教师的带领下对气电混合动力城市公交车结构进行认知，根据任务书填写各零部件、总成的名称。

考核评价

实施评价见表 6-1-2。

表 6-1-2 任务实施评价表

考核项目	评价标准	评价方式			得分
认知流程图是否完成	根据需要进行试车验证（40%）	自评	互评	教师评价	
认知计划是否合理	按照计划顺利实施任务（20%）				
任务书填写是否规范	认知过程规范，任务书填写清晰、正确（20%）				
现场 5S 工作情况	工具整理、现场清扫等（20%）				

课后拓展

（1）简述混合动力城市公交车的特点。

（2）简述混合动力城市公交车的结构组成。

任务二 纯电动客车动力系统认知

学习目标

（1）掌握纯电动客车的概念。

（2）掌握纯电动客车动力系统的组成。

（3）熟练认知纯电动客车动力系统各零部件。

情境导入

客运公司新引进一批纯电动客车，你所在的维修班组承担了其日常保养工作，假设你是一名技师，对纯电动客车进行简单认知。

知识准备

根据国家标准 GB/T 19596—2017 定义，纯电动客车是指以车载电源为动力，用电动机驱动车轮行驶，符合道路交通、安全法规各项要求的客车。纯电动汽车不再需要燃料，它没有发动机和燃油箱，用电机取代了发动机，动力电池取代了燃油。其主要动力源为电能，通过电动机等动力装置转化为机械能，从而驱动车轮行驶。

一、纯电动客车的特点

纯电动客车动力系统主要来源于车载可充电蓄电池或其他储能装置，它与传统燃料客车相比，具有如下特点：

（1）动力系统结构简单，省去了复杂的变速器、缓速器、离合器等机构，控制更加灵活。

（2）实现了无级变速，行驶中无换挡过程，平顺性好。

（3）纯电动车在驾驶过程中不需要频繁踩离合和换挡，大大减轻了驾驶员的劳动强度。

（4）驱动电机在车辆制动时能够作为发电机回收电能给动力电池，同时实现辅助制动的作用，所以纯电动车可取消缓速器。

（5）纯电驱动，零排放、零污染，环保性好。

（6）模块化设计，减少了零部件数量，整车故障率低。

二、纯电动客车的基本组成

纯电动客车的组成有别于传统燃料客车，其主要由车载电源、电池管理系统、驱动电动机、控制系统、车身及底盘、安全保护系统等组成，如图 6-2-1 所示。

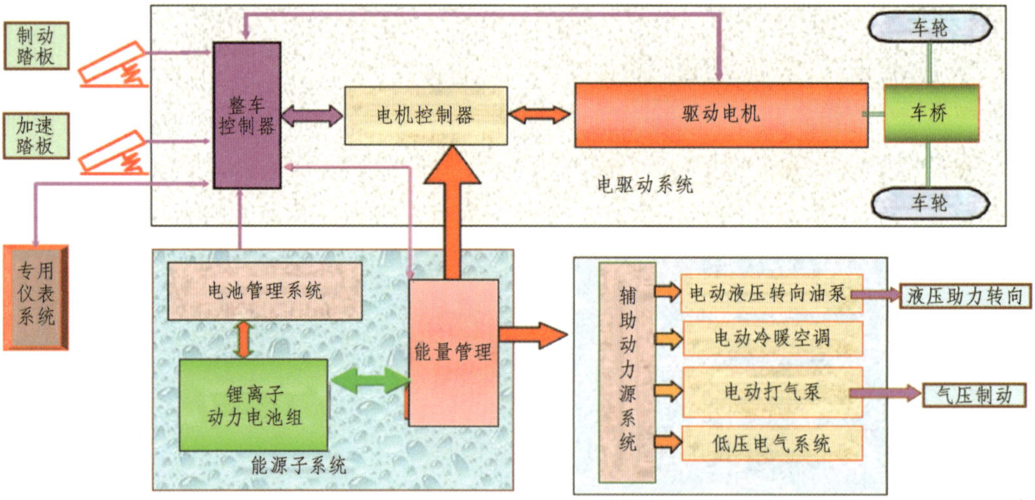

图 6-2-1　纯电动客车的组成

1. 车载电源

车载电源主要搭载若干个动力电池组并串联而成，用周期性的充电来补充电能，如图 6-2-2 所示。其工作电压一般为 480 ~ 700 V，为纯电动客车的驱动电动机提供电能，将电源的电能转化为机械能。同时，车载电源还为空调系统、动力转向系统、制动系统等提供动力电能；动力电池组通过 DC/DC 转换器，供应 12 V 或 24 V 低压电，并储存到低压电池组中，作为仪表、照明和信号装置等的工作电源。

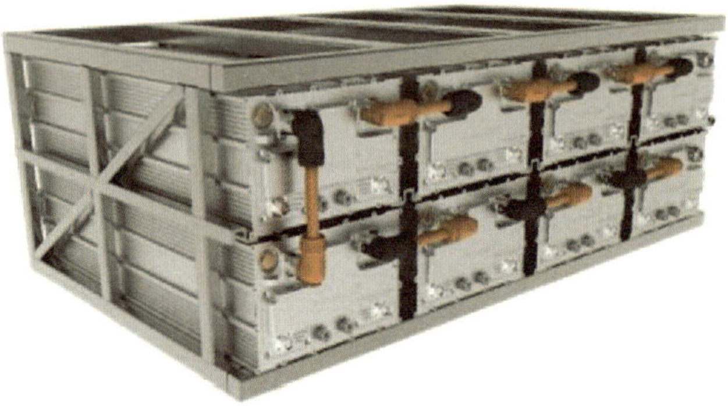

图 6-2-2　车载电源

2. 电池管理系统

电池管理系统（BMS）对动力电池组充电与放电时的电流、电压、放电深度、再生制动反馈电流、电池温度等进行控制，如图 6-2-3 所示。

电池管理系统旨在实现对电池的安全管理，有效提高整车安全性。但对电池管理系统进行任何操作都必须是在断电情况下进行，接插件绝对不允许在带电状态下进行插拔，对管理系统拆卸与安装中要做到轻拿轻放，并注意操作过程中的高压安全。

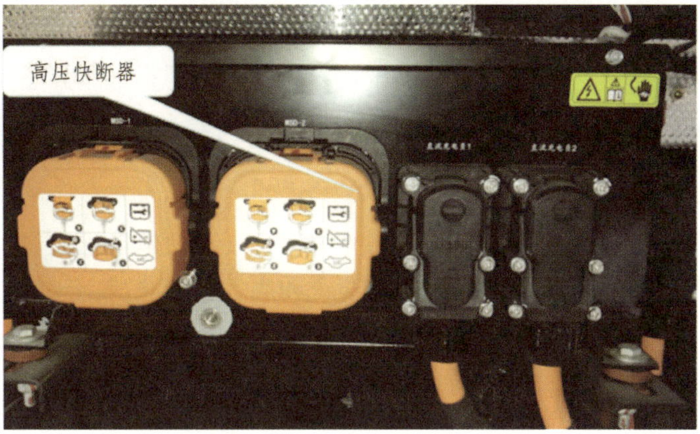

图 6-2-3　电池管理系统

3. 驱动电动机

驱动电动机是驱动纯电动客车行驶的唯一动力装置，通过传动轴直接驱动后桥，如图 6-2-4 所示。

图 6-2-4　驱动电机

驱动电机主要有直流电动机、交流电动机、永磁电动机和开关磁阻电动机等类型。目前，纯电动客车广泛采用直流异步式驱动电机。电机工作电压范围比较宽（400～700 V），工作电流较大，高压线的安装就尤为重要。

现代纯电动客车普遍设置有再生制动技术，以有效实现再生制动，一般可回收10%～15%的能量，有利于延长车辆的行驶里程。在制动系统中，还保留常规制动系统和 ABS 制动系统，以保证车辆在紧急制动时有可靠的制动性能。

4. 控制系统

控制系统主要是对动力电池组的管理和对电动机的控制。控制系统采用各种各样的传感器、报警装置和自诊断装置等，对整个动力电池组、功率转换器、驱动电动机系统等进行监控并及时反馈信息和报警。

控制系统将加速踏板、制动踏板机械位移的行程量转换为电信号，输入中央控制器，通过动力控制模块控制驱动电动机运转，并计算动力电池组剩余电量和剩余续驶里程，对整车低压系统的电子、电器装置进行控制。

5. 车身及底盘

纯电动客车车身及底盘与传统客车无异，但由于动力电池组质量大，为减轻整车质量，纯电动客车通常采用轻质材料制造车身和底盘部分总成。

动力电池组占据的空间大，在底盘布置上还要有足够的空间存放动力电池组，并且要求线路连接、充电、检查和装卸方便，能够实现动力电池组的整体机械化装卸。

6. 安全保护系统

纯电动客车动力电池组具有高压直流电，为确保驾、乘人员和维修人员在驾驶、乘坐和维修时的安全，必须设置安全保护系统。因此，必须配备电气装置的故障自检系统和故障报警系统，在电气系统发生故障时自动控制车辆不能启动等，及时防止事故的发生。

三、纯电动客车维护保养注意事项

（1）对纯电动客车进行车辆检修、维护、保养时，为了安全起见，必须进行以下三个操作后方可进行作业：

① 关闭钥匙开关，取下钥匙，由作业人员随身保管；

② 关闭低压总开关（一般为翘板开关）；

③ 切断 24 V 电源总开关（一般为红色手柄旋钮）。

（2）若仅对低压电器进行维修作业且不需行车时，应把挡位开关打到空挡，然后可按一般车辆检修方法进行；若对机械部分进行维修作业，应在关闭钥匙开关和电源总开关状态下进行。

（3）车辆所有橙色线为高压线束，非专业人士不能对高压线路、高压部件进行切割或打开。

（4）在进行一般维修作业时，应严格防止高压线束的绝缘层破损漏电。

（5）维修作业时需要对高压部件进行拆卸时，请与厂家联系或由专业高压电工断开后舱内的高压系统手动快断器，并遵照维修保养规范操作。

（6）在清洗车辆时，请避开高压部件，严禁用水直接冲洗高压部件。

（7）进行任何焊接作业之前，必须断开 24 V 电源和手动快断器，并拔掉 CAN 总线模块、ABS 模块、整车控制器、电机控制器等低压连接线束，否则可能导致电控模块损坏。

任务实施

一、实施准备

（一）任务名称

纯电动城市公交车的认知。

（二）资源要求

（1）根据工位数量将学生分组，每小组 6 人分工协作操作。
（2）做好车辆安全防护工作，对完工车辆进行检验，并做好现场 5S 工作。
（3）操作设备及资料清单（见表 6-2-1）。

表 6-2-1　操作设备及资料清单

序号	名　称	型　号	数量
1	实训纯电动城市公交客车整车	E8	2
2	城市公交客车使用手册	E8	6
3	任务工单		1 份/人

二、任务执行

在教师的带领下对纯电动城市公交车结构进行认知，根据任务书填写各零部件、总成的名称。

考核评价

实施评价见表 6-2-2。

表 6-2-2　任务实施评价表

考核项目	评价标准	评价方式			得分
认知流程图是否完成	根据需要进行试车验证（40%）	自评	互评	教师评价	
认知计划是否合理	按照计划顺利实施任务（20%）				
任务书填写是否规范	认知过程规范，任务书填写清晰、正确（20%）				
现场 5S 工作情况	工具整理、现场清扫等（20%）				

课后拓展

（1）简述纯电动城市公交车的特点。

（2）简述纯电动城市公交车的结构组成。

项目七

城市公交车辆传动系统

任务一　离合器的构造与使用

学习目标

（1）掌握城市公交车离合器的作用。
（2）熟悉城市公交车离合器的零部件。
（3）掌握城市公交车离合器的使用特点。

情境导入

小明在教练的指导下开始离合器使用练习，但是他对离合器却非常陌生，假设你是教练，为小明讲解离合器的相关知识，并对如何正确使用离合器进行指导。

知识准备

一、传动系统的作用与组成

1. 传动系统的作用

汽车传动系统的基本作用是将发动机发出的动力传递给驱动车轮，以保证汽车能在不同使用条件下正常行驶，并具有良好的动力性和燃料经济性。为此，任何形式的传动系统都必须具有如下作用：

（1）接通或中断动力的传递；

（2）改变车速；

（3）改变牵引力；

（4）实现倒退行驶；

（5）实现车轮差速。

2. 传动系统的分类与组成

按汽车传动系统中传动元件的结构和传动介质的不同，传动系统可分为机械式、液力机械式、液静式（容积液压式）、电力式等。

机械式传动系统的组成如图 7-1-1 所示。发动机纵向安置在汽车前部，并且以后轮为驱动轮。发动机发出的动力依次经离合器、变速器，由万向节和传动轴组成的万向传动装置，以及安装在驱动桥中的主减速器、差速器和半轴传到驱动轮。

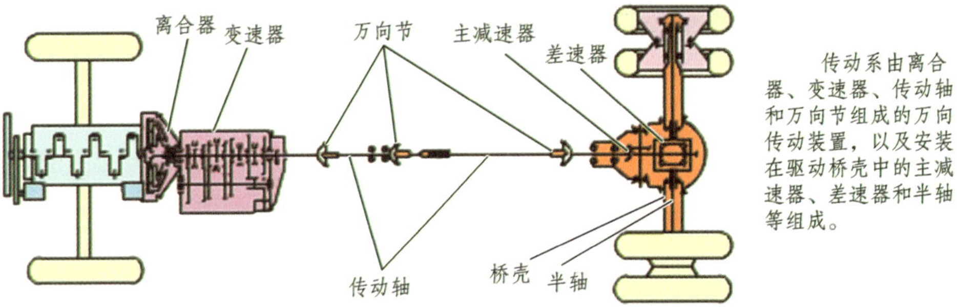

图 7-1-1　机械式传动系统的组成及布置形式

二、离合器

离合器是城市公交车辆传动系统中重要的组成之一，通常与手动变速器配套使用，安装于发动机与手动变速器之间，其结构如图 7-1-2 所示。

图 7-1-2　离合器总成

（一）离合器的作用

1. 保证汽车平稳起步

车辆起步时，缓慢抬起离合器踏板，使离合器的主、从动部分逐渐接合；逐渐踩下加速踏板，以增加发动机的输出转矩，使之由小到大传给传动系统；当牵引力大于汽车起步的行驶阻力时，汽车便由静止开始缓慢逐渐加速，实现平稳起步。

2. 暂时切断发动机的动力传动，便于换挡

在汽车行驶过程中，由于行驶条件的变化，变速器需要不断变换挡位。如果没有离合器，不能使动力完全中断，原有齿轮副会因压力大而难以脱开，同时难以进入啮合，即使能进入啮合，也会产生很大的冲击和噪声，从而损坏机件。

3. 防止传动系统过载

当汽车紧急制动时，车轮突然紧急降速。如果发动机与传动系统刚性连接，发动机转速将急速下降，其所有零件将产生很大的惯性力矩，这一力矩作用于传动系统，会造成传动系统过载而使其机件损坏。离合器会通过主、从动部分的打滑来消除这一危险，起到过载保护的作用。

为满足离合器的作用，保证城市公交车辆正常行驶，对离合器有如下要求：

（1）具有合适的储备能力，既能保证传递发动机的最大扭矩，又能防止传动系统过载。

（2）接合平顺柔和，以保证汽车平稳起步。

（3）分离迅速彻底，便于换挡和发动机启动。

（4）具有良好的散热能力。由于离合器接合过程中，主、从动部分有相对的滑转，在使用频繁时，会产生大量的热量，如不及时散出，会严重影响其使用寿命和工作的可靠性。

（5）操纵轻便，以减轻驾驶员的疲劳。

（6）从动部分的转动惯量要小，以减少换挡时的冲击。

（二）离合器的分类

离合器类型较多，常见的分类形式如图 7-1-3 所示。

- 1.按从动盘数目分
  - 单片离合器（干式）
  - 双片离合器（干式）
  - 多片离合器（湿式）
- 2.按压紧弹簧形式及布置形式分
  - 周布螺旋弹簧式
  - 中央弹簧式
  - 膜片弹簧式
  - 斜置弹簧式
- 3.按操纵机构分
  - 机械式
  - 液压式
  - 气压式
  - 空气阻力式

图 7-1-3　离合器的分类

（三）离合器的工作原理

离合器的工作是依靠摩擦力传递发动机的动力。当从动盘与飞轮之间有间隙时，飞轮不能带动从动盘旋转，离合器处于分离状态。当压紧力将从动盘压向飞轮后，飞轮表面对从动盘表面的摩擦力带动从动盘旋转，离合器处于接合状态，如图 7-1-4 所示。

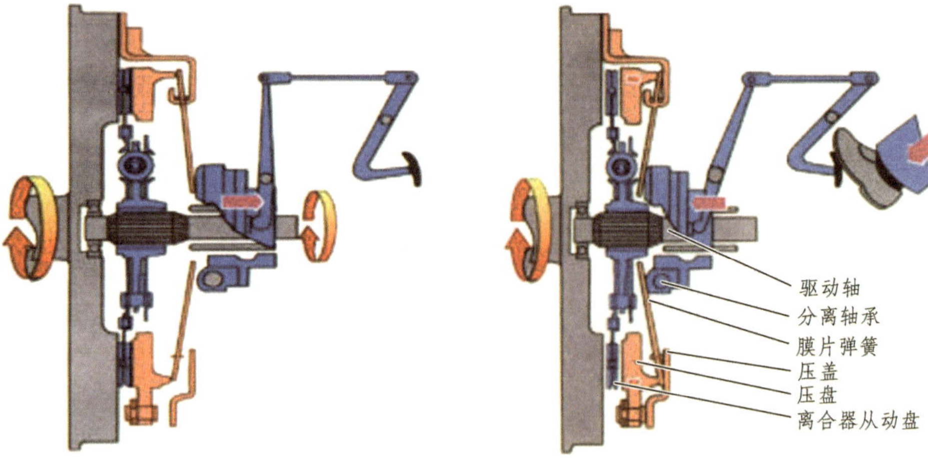

（a）接合过程　　（b）分离过程

图 7-1-4　离合器工作原理

1. 离合器接合过程

发动机工作时，曲轴带动离合器主动部分旋转。离合器接合时，驾驶员放松离合器踏板，压紧弹簧把压盘压向飞轮，从动盘被压紧在飞轮与压盘之间，从动盘与飞轮和压盘接触的两个接合面都产生摩擦力矩，这样，主动部分就能带动从动盘旋转，从动盘就带动从动轴（即变速器）第一轴旋转，如图 7-1-4（a）所示。

2. 离合器分离过程

当需离合器分离时，只要踩下离合器操纵机构中的踏板，套在从动盘毂的环槽中的拨叉便推动从动盘克服压紧弹簧的压力向右移动，而与飞轮分离，摩擦力消失，从而中断动力传递，如图 7-1-4（b）所示。

需要注意的是，飞轮、压盘、从动盘三者在压紧弹簧的作用下压紧在一起，发动机的转矩经飞轮、压盘通过摩擦力矩传至从动盘，再经从动轴（变速器的一轴）向变速器传递动力，驱动车辆行驶。

（四）离合器的结构组成

离合器主要由主动部分、从动部分、压紧机构、操纵机构等组成，如图 7-1-5 所示。

1. 主动部分

主动部分由发动机飞轮、压盘及离合器盖组成，如图 7-1-6 所示。它主要接收发动机的动力。离合器盖与飞轮依靠螺栓连接，压盘与离合器之间是靠 3 ~ 4 个传动片传递扭矩。

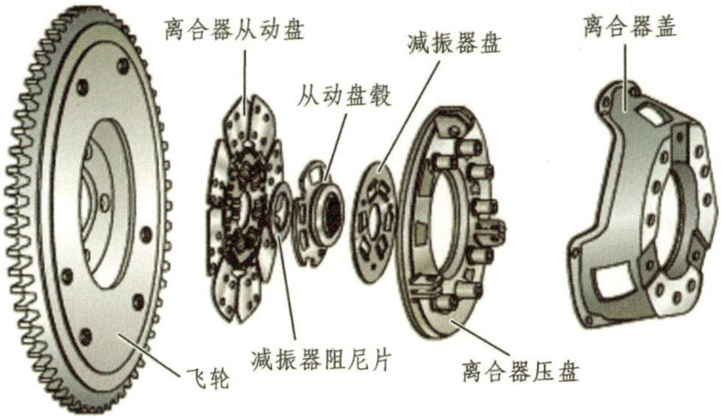

图 7-1-5　离合器的组成

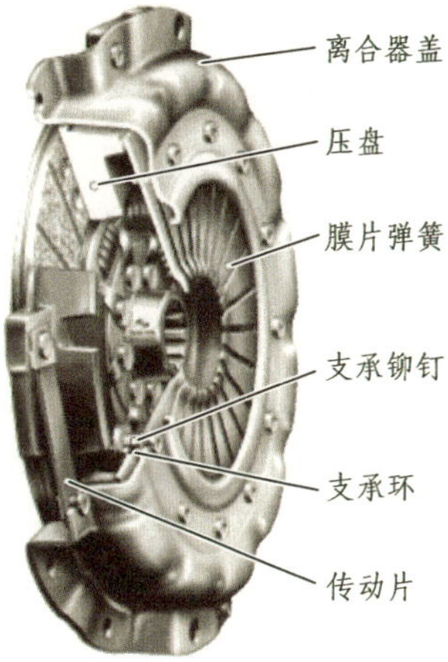

图 7-1-6　离合器主动部分

2. 从动部分

从动部分主要是从动盘，如图 7-1-7 所示。从动盘毂通过花键与变速器输入轴配合，通过两个摩擦面的摩擦力将主动部分传递过来的动力传递给变速器的输入轴。

3. 压紧机构

压紧机构是膜片弹簧，与主动部分一起旋转，以离合器盖为依托，将压盘压向飞轮，从而将处于飞轮与压盘间的从动盘压紧，其结构如图 7-1-8 所示。

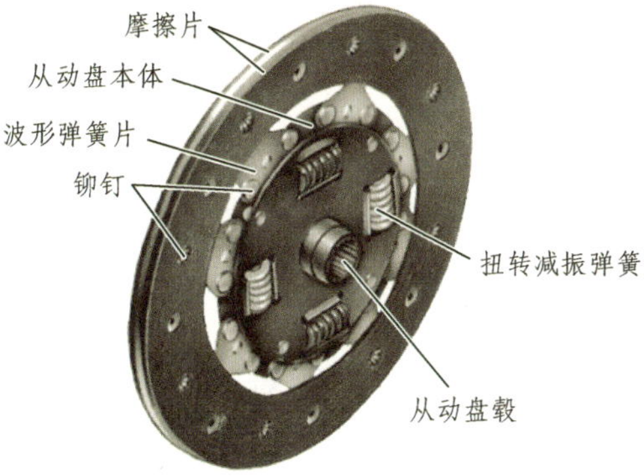

图 7-1-7　离合器从动部分

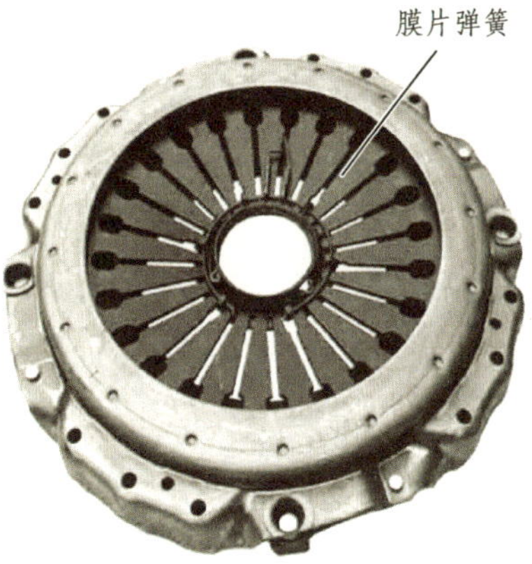

图 7-1-8　压紧机构

4. 操纵机构

操纵机构是驾驶员借以使离合器分离，然后又使之柔和接合的一套机构。操纵机构主要有机械式、液压式两种，如图 7-1-9 所示。目前，城市公交车辆普遍采用液压式操纵机构，不仅响应迅速，还能有效降低驾驶员的驾驶强度。

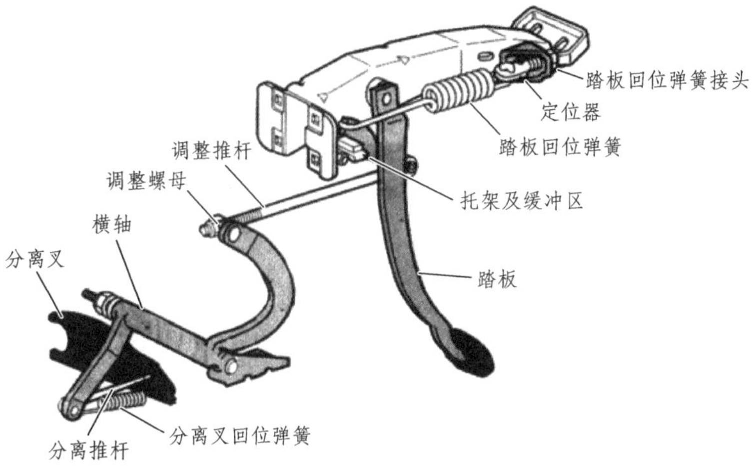

（a）机械式操纵机构

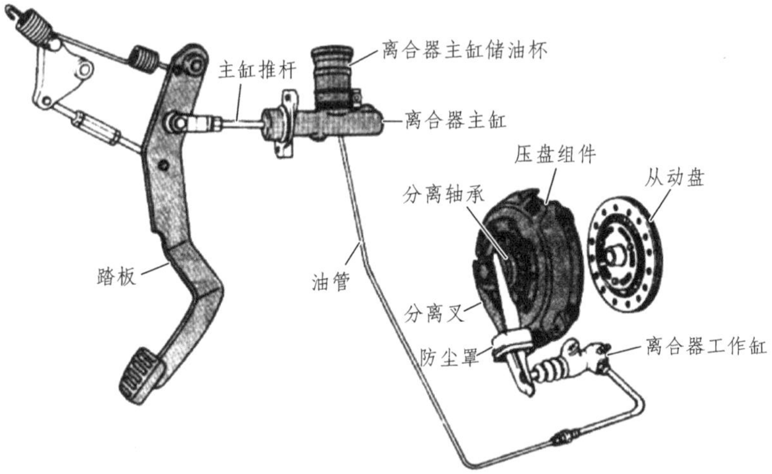

（b）液压式操纵机构

图 7-1-9　操纵机构

驾驶员在踩下离合器踏板后，要消除分离轴承和分离杠杆内端之间留有的间隙，然后才能开始分离离合器，为消除这一间隙所需的离合器踏板行程，称为离合器踏板自由行程。

当离合器处于正常接合状态，分离套筒被复位弹簧拉到后极限位置时，在分离轴承和分离杠杆内端之间留有一定量的间隙，以保证摩擦片在正常磨损范围内离合器仍能完全接合。其自由间隙值如图 7-1-10 所示。

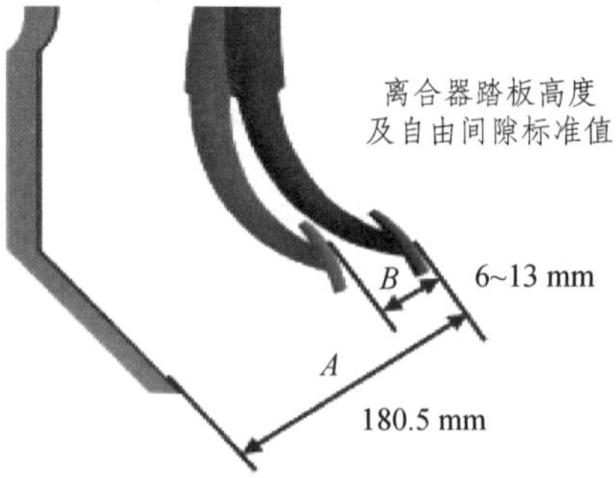

图 7-1-10　离合器高度及自由间隙值

A—踏板高度；*B*—自由行程

三、离合器的使用

（1）尽量用 1 挡起步，以获得起步时的最大扭矩，减少离合器过载。

（2）尽可能少用“半离合”状态。每次起步成功后应尽快松开离合器，每次换挡使用离合器时尽可能轻快些。

（3）正常行车时不要把脚放在离合器踏板上，以保证离合器片与飞轮和压板的充分接触。

（4）在市区车速慢或塞车需不断减速、停车、起步时应注意：一是多用低速（1 或 2）挡，以减少换挡频次；二是适当拉大与前车的距离，以给自己留有足够的反应余地，并减少“减速、停车、起步”的频次，也就减少了离合器、传动系统及制动系统的磨损；三是每当需减速时，不要过早踩下离合器，应当车速降至 10 km 以下（感觉快要熄火之前）才踏下离合器，以减少离合器的“空转”机会；四是每当停车时，不要踩着离合器（发动机运转、排挡杆不在空挡）长时间不起步。

（5）使用离合器时，应遵循将离合器踏板“踏到底”和“放松完”的原则，以保证离合器的彻底分离和可靠接合。

任务实施

一、实施准备

（一）任务名称

城市公交车辆离合器自由行程的检查与调整。

（二）资源要求

（1）根据工位数量将学生分组，每小组 6 人分工协作操作。

（2）做好车辆安全防护工作，对完工车辆进行检验，并做好现场 5S 工作。

（3）操作设备及资料清单（见表 7-1-1）

表 7-1-1　操作设备及资料清单

序号	名　称	型　号	数量
1	实训城市公交客车整车	CK6106	2
2	城市公交客车使用手册	CK6106	5

二、任务执行

（1）取出开口销，将油泵顶杆轴拆下，如图 7-1-11 所示。

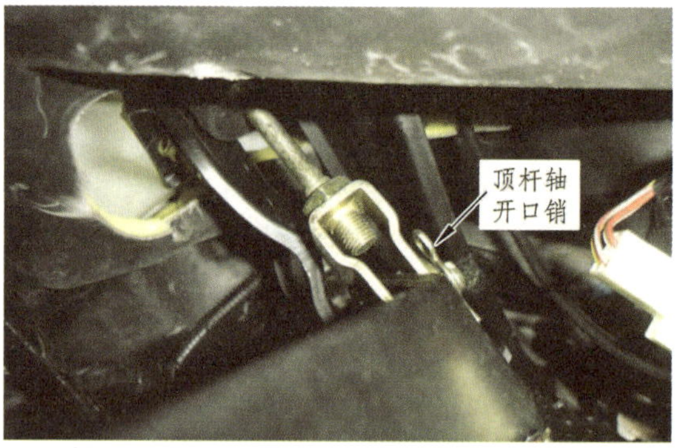

图 7-1-11　取下开口销

（2）用手旋转连接叉，顺时针顶杆变短，反之则变长，根据需要进行调节，如图 7-1-12 所示。

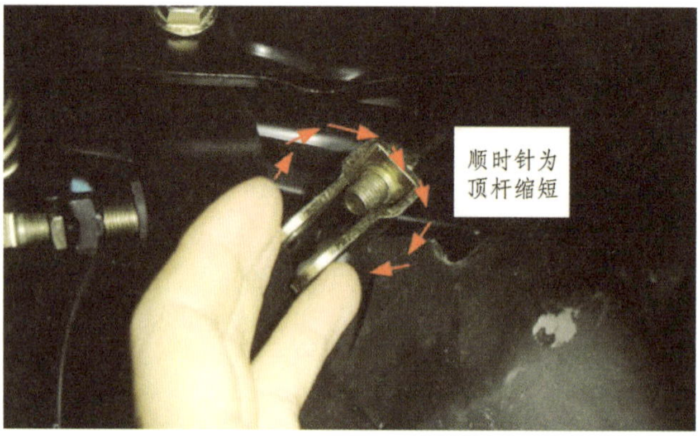

图 7-1-12　调节连接叉

（3）踩下离合器踏板，检验调节效果。
（4）装回放松开口销。
（5）恢复车辆，做好现场 5S 工作。

考核评价

实施评价见表 7-1-2。

表 1-1-2　任务实施评价表

考核项目	评价标准	评价方式			得分
流程图是否完成	根据需要进行试车验证（40%）	自评	互评	教师评价	
诊断计划是否合理	按照计划顺利诊断故障（20%）				
诊断计划设计是否规范	诊断过程规范、流程清晰（20%）				
现场 5S 工作情况	工具整理、现场清扫等（20%）				

课后拓展

（1）离合器的主要作用是什么？
（2）离合器在使用过程中应注意哪些问题？

任务二　变速器的构造与使用

学习目标

（1）了解并掌握城市公交车手动变速器的作用和工作原理。
（2）了解并掌握城市公交车自动变速器的作用和工作原理。
（3）熟练认知城市公交车手动变速器的零部件组成。
（4）掌握城市公交车手动变速器的正确使用。

情境导入

小明在城市公交车教练的指导下进行路训，在训练过程中教练让他换挡以提高车速，他很纳闷为什么提高车速需要换挡，假设你是教练，为他讲解变速器的基本知识，并指导他正确换挡。

知识准备

变速器是城市公交车行驶系统重要的总成之一，根据操纵方式的不同，现代城市公交车变速器主要有手动变速器和自动变速器两大类型。手动变速器依靠驾驶员直接操纵变速杆进行换挡。这种变速器的换挡机构简单、工作可靠且经济省油，目前在国内城市公交车上应用广泛，如图 7-2-1（a）所示。自动变速器在车辆前进时，驾驶员只需操纵加速踏板和制动踏板，变速器就会根据发动机的载荷信号和车速信号来控制执行元件，实现各前进挡位的自动变换，如图 7-2-1（b）所示。

（a）手动变速器

（b）自动变速器

图 7-2-1　城市公交车变速器

无论哪种类型的变速器，其主要功用是相同的：

1. 实现变速与变矩

变速器通过改变传动比，扩大驱动轮转矩和转速的变化范围，以适应经常变化的行驶条件，同时使发动机在有利的工况下工作。

2. 实现汽车倒向行驶

由于内燃机是不能反向旋转的，利用变速器的倒挡，实现汽车的倒向行驶。

3. 必要时中断传动

利用变速器中的空挡，中断动力传递，使发动机能够起动和怠速运转，满足汽车暂时停车或滑行的需要。

4. 实现动力输出，驱动其他机构

如有需要，可将变速器作为动力输出器，驱动其他机构，如自卸车的液压举升装置等。

一、手动变速器

（一）手动变速器的基本工作原理

手动变速器都采用齿轮传动，以实现变速、变矩和倒车及切断动力传递等作用。

1. 变速变矩原理

普通齿轮式变速器是利用不同齿数的齿轮啮合传动实现转速和转矩改变的，如图 7-2-2 所示。

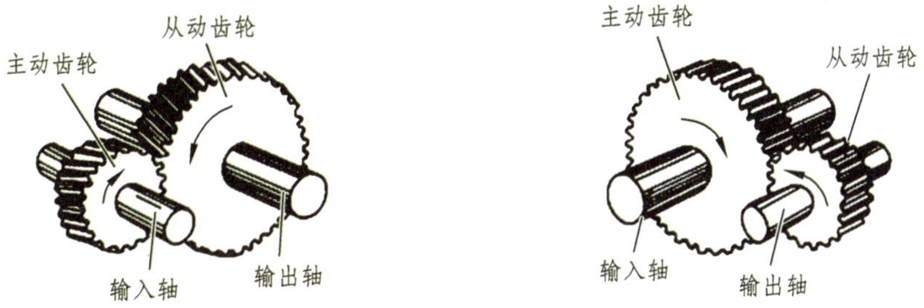

（a）减速传动　　（b）增速传动

图 7-2-2　变速变矩原理

单级齿轮传动的传动比等于主动轮转速与从动轮转速之比值。

$$i_{1,2}=\frac{n_1}{n_2}=\frac{z_2}{z_1}$$

而
$$\frac{n_1}{n_2}=\frac{M_2}{M_1}$$

故
$$i_{1,2}=\frac{n_1}{n_2}=\frac{M_2}{M_1}$$

因此，多级齿轮传动的传动比计算公式如下：

$$i=\frac{\text{所有从动齿轮齿数的乘积}}{\text{所有主动齿轮齿数的乘积}}=\text{各级齿轮传动比的连乘积}$$

从上述公式可知：

当 $i>1$ 时，为降速增扭传动，其挡位称为降速挡；

当 $i<1$ 时，为增速降扭传动，其挡位称为超速挡；

当 $i=1$ 时，为等速等扭传动，其挡位称为直接挡。

习惯上把变速器传动比值较小的挡位称为高挡，传动比值较大的挡位称为低挡；变速器挡位的变换称为换挡，由低挡向高挡变换称为加挡（或升挡），反之称为减挡（或降挡）。变速器就是通过挡位变换来改变传动比，从而实现多级变速的。

2. 换挡原理

变速器的换挡，通常采用接合套、滑移齿轮或同步器等装置使齿轮或齿圈啮合或脱开来实现，如图 7-2-3 所示。

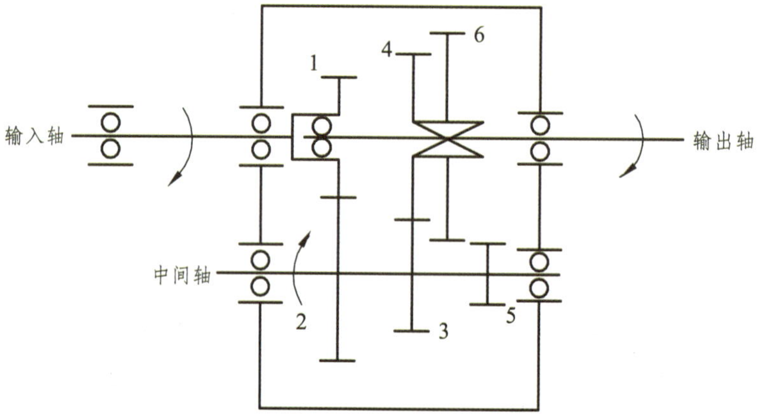

图 7-2-3　换挡原理示意图

3. 变向原理

齿轮传动的旋转方向与齿轮的啮合方式和啮合对数有关。内啮合的齿轮转向相同。当外啮合的齿轮对数为奇数对时，转向相反；当外啮合的齿轮对数为偶数对时，转向相同。手动变速器中通常采用外啮合齿轮传动。因此，只要改变外啮合齿轮的对数，就可在不改变发动机转向的条件下实现汽车的前进或后退，如图 7-2-4 所示。

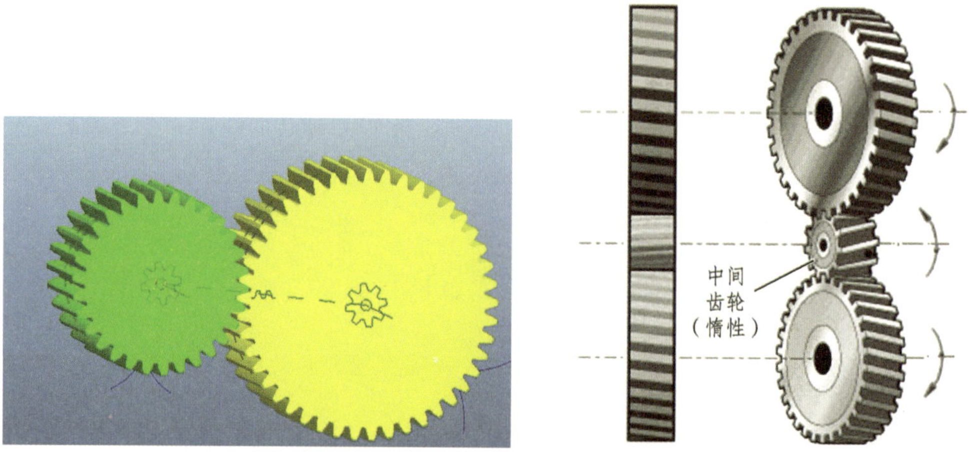

（a）两齿轮啮合，方向相反　（b）三齿轮啮合，方向相同

图 7-2-4　变向原理示意图

（二）手动变速器的基本组成

城市公交车手动变速器主要由变速传动机构、换挡操纵机构、壳体三部分组成，如图 7-2-5 所示。

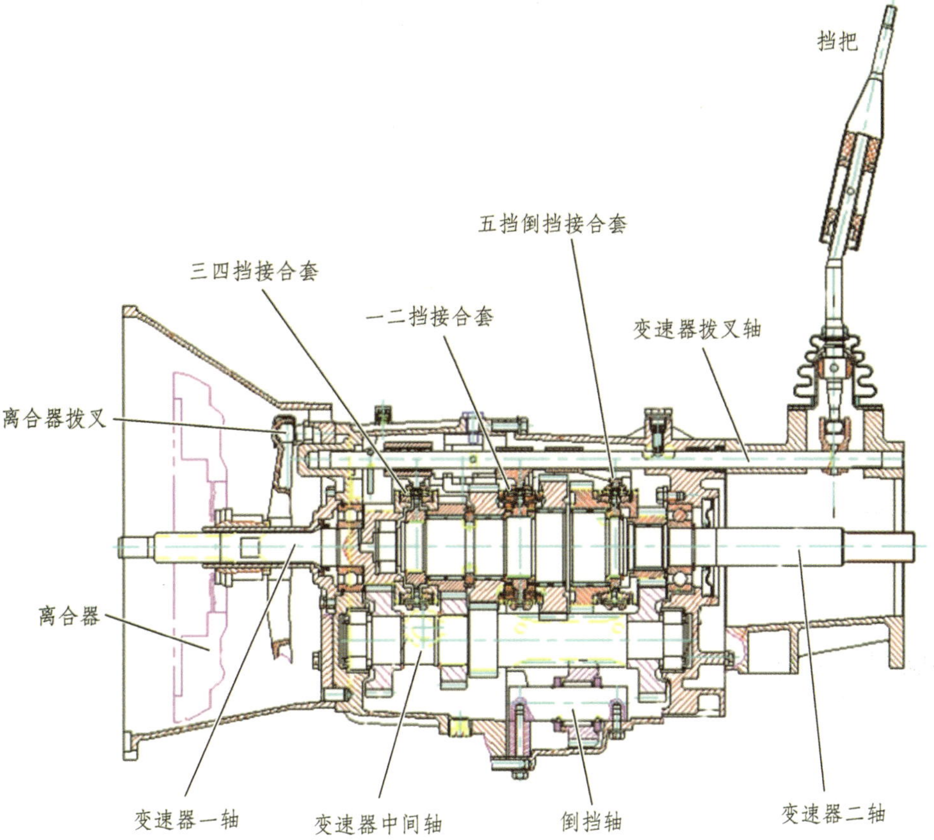

图 7-2-5　手动变速器结构组成

变速传动机构是变速器的主体，主要由一系列相互啮合的齿轮副及其支承轴，以及作为基础件的壳体组成。其功用是改变转速、转矩和旋转方向。

操纵机构的功用是实现换挡。

壳体用来安装传力机构和内操纵机构，同时储存润滑油。

按照工作轴数量（不含倒挡轴）的不同，变速器可分为三轴式变速器和二轴式变速器。

（三）变速传动机构

因篇幅受限，本书仅对城市公交车较为常用的三轴式手动变速器传动机构进行讲解，其传动原理如图 7-2-6 所示。其各挡齿轮传动情况见表 7-2-1。

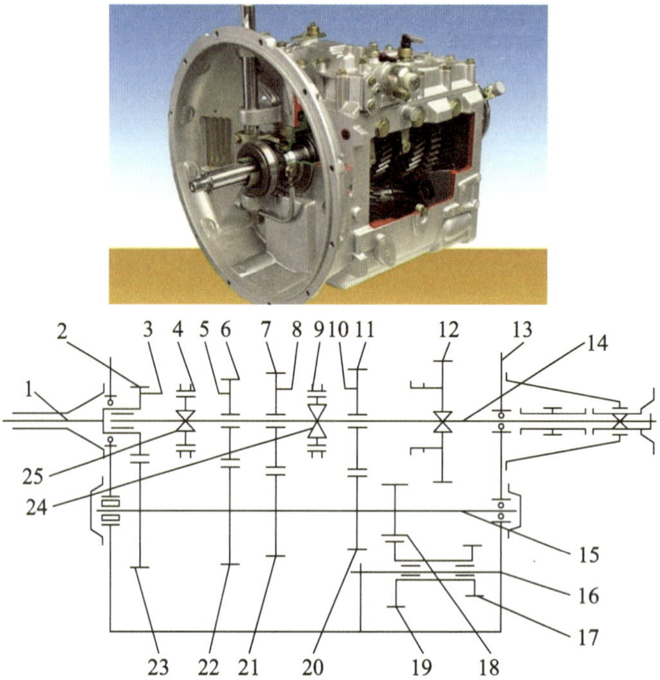

图 7-2-6　三轴式手动变速器传动原理

1—第一轴；2，6，7，11，12，17，18，19，20，21，22，23—齿轮；3，5，8，10—接合齿圈；4，9—接合套；13—变速器箱；14—第二轴；15—中间轴；16—倒挡轴；24，25—花键毂

表 7-2-1　动力传递路线及传动比

挡位	动力传递路线	传动比
空挡	操纵变速杆，使各挡同步器接合套处于中间位置，此时动力不传给输出轴	
一挡	操纵变速杆，将一挡从动齿轮 12 左移，与齿轮 18 相啮合，动力便从第一轴依次经过齿轮 2、齿轮 23、中间轴 15、齿轮 18、齿轮 12 经花键传给第二轴输出	7.31
二挡	操纵变速杆，将接合套 9 右移，与接合齿圈 10 接合，动力由第一轴依次经过齿轮 2、齿轮 23、中间轴 15、齿轮 20、齿轮 11、接合齿圈 10、接合套 9 和花键毂 24 传给第二轴	4.31
三挡	操纵变速杆，将接合套 9 左移，与接合齿圈 8 接合，动力由第一轴依次经过齿轮 2、齿轮 23、中间轴 15、齿轮 21、齿轮 7、接合齿圈 8、接合套 9 和花键毂 24 传给第二轴	2.45
四挡	操纵变速杆，将接合套 4 右移，使之与接合齿圈 5 接合，动力由第一轴依次经过齿轮 2、齿轮 23、中间轴 15、齿轮 22、齿轮 6、接合齿圈 5、接合套 4 和花键毂 25 传给第二轴	1.54
五挡	操纵变速杆，将接合套 4 左移，使之与接合齿圈 3 接合，动力由第一轴依次经过齿轮 2、接合齿圈 3、接合套 4 和花键毂 25 传给第二轴	1
倒挡	操纵变速杆，将一挡从动齿轮 12 右移，与齿轮 17 相啮合，动力便从第一轴依次经过齿轮 2、齿轮 23、中间轴 15、齿轮 18、齿轮 19、齿轮 17、齿轮 12 经花键传给第二轴反向输出	7.66

（四）同步器

现代城市公交车手动变速器越来越多地采用同步器换挡装置。其功用是使接合套与待接合的齿圈二者之间迅速达到同步，并阻止二者在同步前进入啮合，消除换挡时的冲击，缩短换挡时间，简化换挡过程，使换挡操作简捷而轻便。同步器有惯性式、常压式、自增力式多种类型，目前广泛应用的是惯性式同步器，其结构如图7-2-7所示。

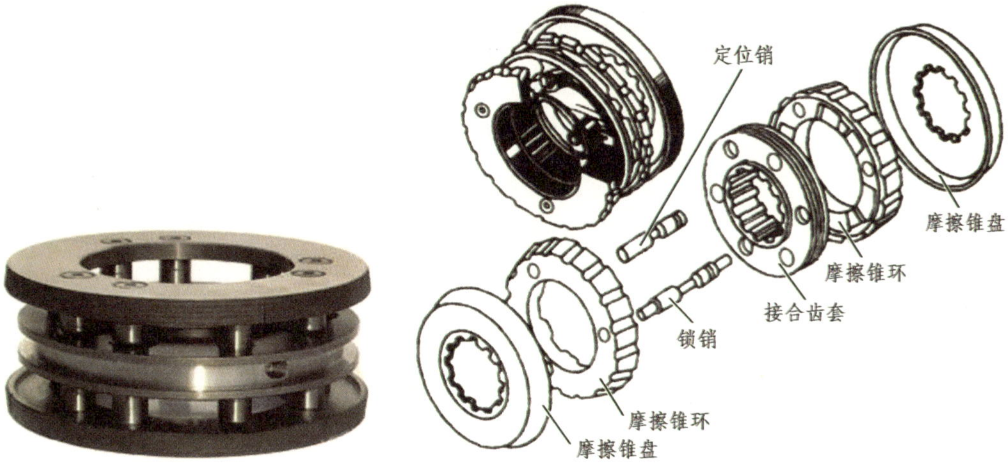

图 7-2-7 同步器的结构

换挡时，驾驶员通过变速杆、拨叉轴、拨叉推动接合齿套移动，并通过定位销使锥环移动至锥环与锥盘接触。因锥环和锥盘转速不同，故在轴向推力作用下，两者接触面间产生摩擦力，从而带动锥环、锁销相对接合齿套转过一个角度，使得锁销中间斜面与接合齿套孔斜面接触。由于惯性力矩的作用和同步器结构参数保证了在没同步前接合齿套无法前移，因此无法挂挡。随着轴向力的增加和摩擦力矩作用，主、从动部分迅速达到同步，惯性力矩消失，在锥环力矩的作用下，锥环和锥盘相对接合齿套转过一个角度，锁销和接合齿套接触斜面分离，接合齿套前移，与齿圈啮合，挂入挡位。

（五）换挡操纵机构

换挡操纵机构是保证驾驶员根据使用条件，准确可靠地使变速器挂入所需要的挡位工作，并可随时使之退入空挡，如图 7-2-8 所示。因此，变速器操纵机构要求能防止变速器自动换挡和自动脱挡，为此，在操纵机构中应设有自锁装置。为保证变速器不会同时挂入两个挡位，在操纵机构中应设有互锁装置；为防止误挂倒挡，在操纵机构中应设有倒挡锁装置。

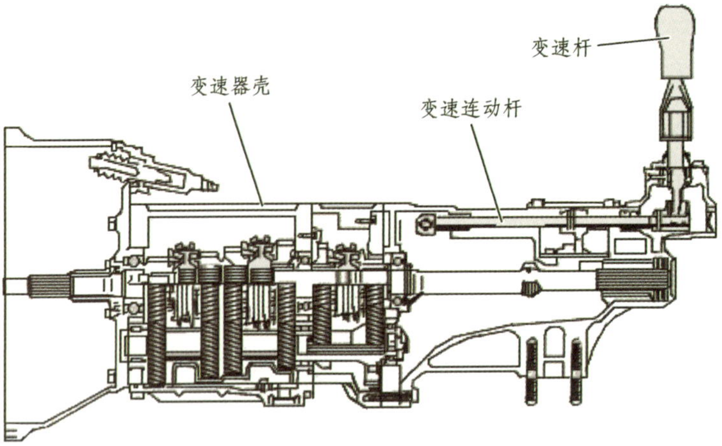

图 7-2-8　换挡操纵机构

换挡拨叉机构主要由变速杆、叉形拨杆、换挡轴、各挡拨块、拨叉轴及拨叉等组成。各种变速器由于挡位及挡位排列位置不同，其拨叉和拨叉轴的数量及排列位置也不相同。如图 7-2-9 所示为某典型城市公交车变速器操纵机构，其变速杆、拨叉、拨叉轴、自锁、互锁及倒挡锁等均安装于变速器盖上。

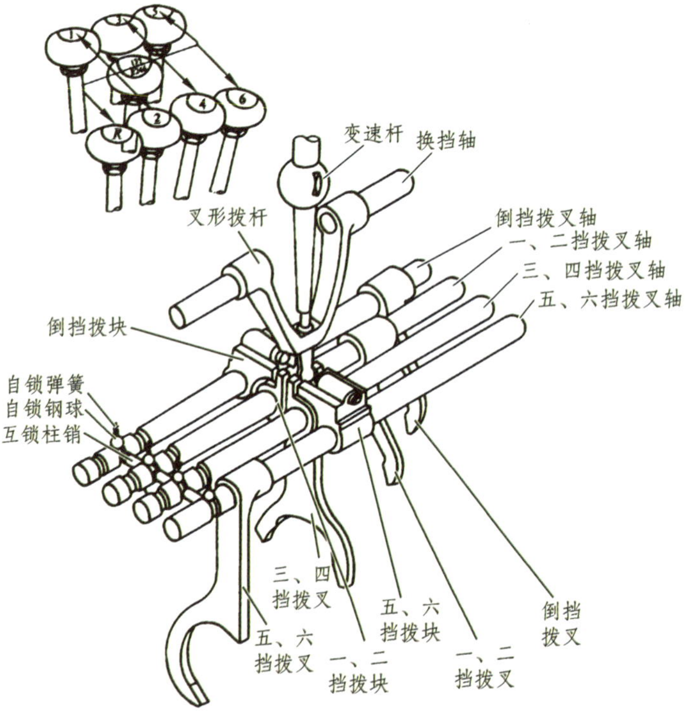

图 7-2-9　换挡拨叉机构

为保证变速器能准确、可靠地工作，变速器一般均设有自锁、互锁及倒挡锁等锁止装置。

自锁装置的功用是对各挡拨叉轴进行轴向定位锁止，以防止其自动产生轴向移动而造成自动挂挡或自动脱挡，并保证各挡传动齿轮以全齿长啮合。

互锁装置的功用是阻止两个拨叉轴同时移动，防止同时挂入两个挡位，避免因同时啮合的两挡齿轮的传动比不同而互相卡住，造成运动干涉，甚至造成零件损坏。互锁装置的结构形式很多，最常用的有锁球式和锁销式。

倒挡锁装置的功用是防止汽车在前进中因误挂倒挡而造成极大的冲击，使零件损坏，并防止在汽车起步时误挂倒挡而造成安全事故。最常用的是弹簧锁销式倒挡锁。它一般由倒挡锁销及倒挡锁弹簧组成，并将其安装一挡、倒挡拨块相应的孔中。

二、自动变速器

自动变速器是一种能实现自动变速、连续变矩的动力传动装置。它从低挡自动换到高挡，无须驾驶员进行离合器操作，具有操作方便、换挡平稳、乘坐舒适、过载保护性好等特点。

自动变速器的结构类型较多，目前常用的主要有平行轴式自动变速器（定轴轮系）和行星齿轮式自动变速器两大类。城市公交车普遍应用行星齿轮式自动变速器。

行星齿轮式自动变速器通常由液力变矩器、行星齿轮机构、液压控制系统、电控系统等组成，如图 7-2-10 所示。

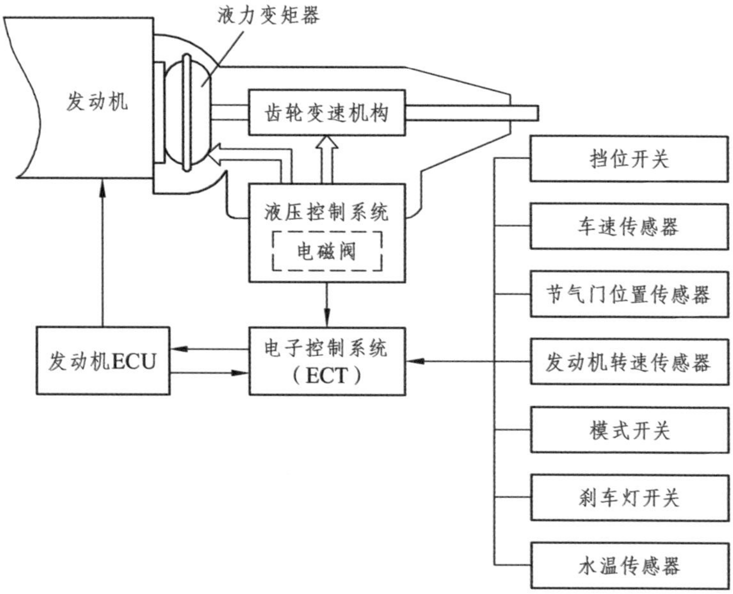

图 7-2-10 自动变速器的组成

（一）液力变矩器

液力变矩器使发动机产生的转矩成倍增长，起到自动离合器的作用，传送发动机转矩至变速器。缓冲发动机及传动系的扭转振动，兼起飞轮的作用，使发动机转动平稳，驱动液压控制系统的油泵。

液力变矩器按结构类型分为组装式和焊接式两种，目前大多采用焊接式。所以，变矩器通常是不维修的，在检修自动变速器时仅对其做一般性检查，发现损坏，则进行更换。液力变矩器由泵轮、涡轮、导轮（固定不动）、单向离合器和锁止离合器等组成，安装在完全充满变速器液（ATF）的密封变矩器壳体内，如图 7-2-11 所示。

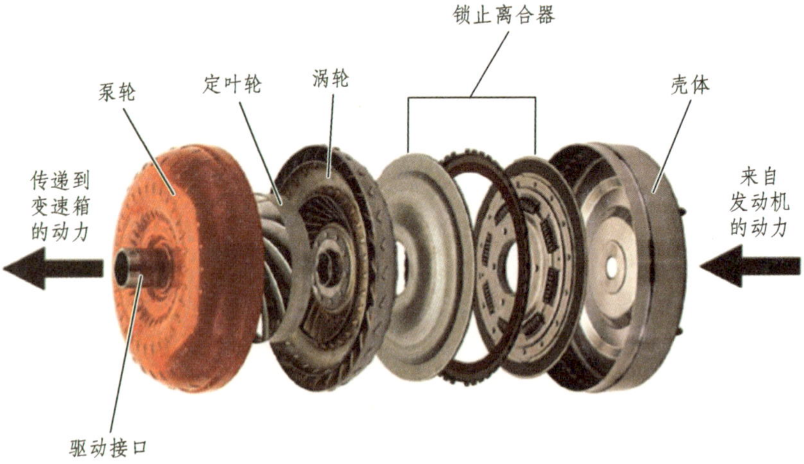

图 7-2-11　液力变矩器的结构

泵轮将发动机的机械能转变为 ATF 的动能；涡轮将 ATF 的动能转变为涡轮轴上的机械能；导轮固定地安装在涡轮和泵轮之间，将涡轮内缘流出的液体经导轮变向后进入泵轮的内缘，以减少动力损耗，增大涡轮的输出转矩；单向离合器提高变矩器的传动效率；锁止离合器提高液力变矩器高速比工况下的传动效率。

（二）齿轮变速传动装置

齿轮变速传动装置主要由齿轮机构和换挡执行元件组成，如图 7-2-12 所示。其作用是根据行车条件及驾驶员所需，提供几种传动比，以获得适当的转矩及转动速度，为倒车提供倒挡挡位；提供停车时所需要的空挡位，以使发动机怠速运转。

本书以典型辛普森式行星齿轮传动装置讲解自动变速器齿轮传动变速工作情况。辛普森式行星齿轮传动装置由辛普森式行星齿轮机构和换挡执行元件组成，如图 7-2-13 所示。

辛普森式行星齿轮机构是由共用一个太阳轮的两组行星齿轮、两个齿圈和两个行星架组成的双排行星齿轮机构。执行元件有 2 个离合器、3 个制动器和 2 个单向离合器组成，其名称及作用见表 7-2-2。

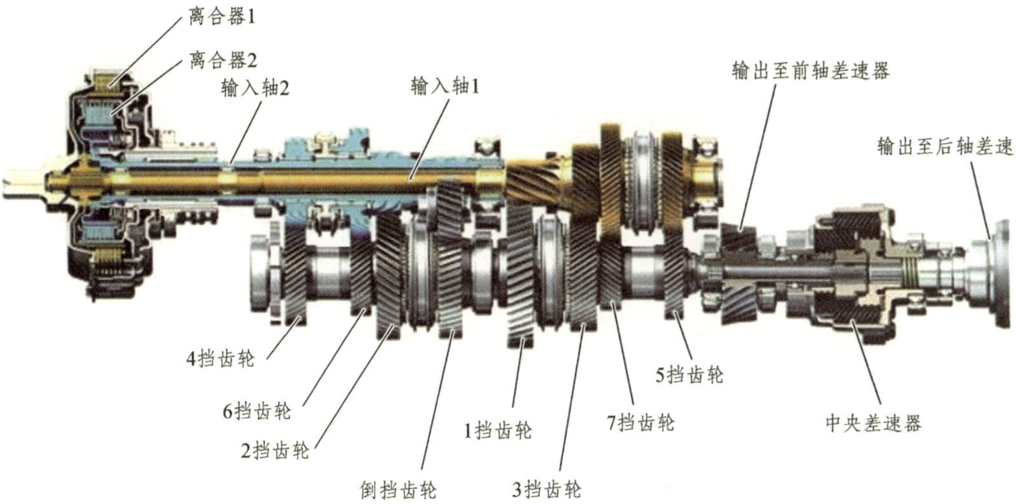

图 7-2-12　齿轮变速转动装置的结构

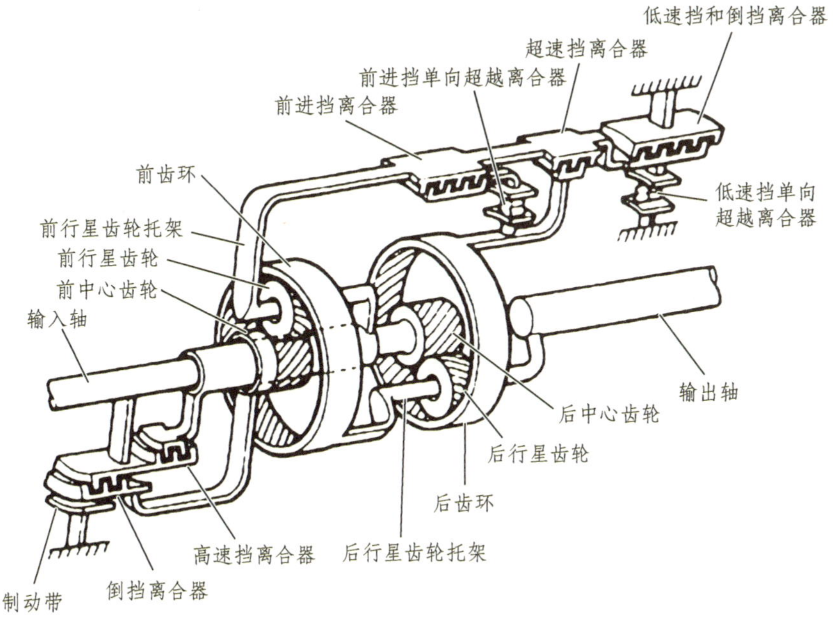

图 7-2-13　辛普森式齿轮机构

表 7-2-2　辛普森式行星齿轮传动装置换挡执行元件的名称及作用

元件代号	名　称	作　用
C1	前进挡离合器	将前（或后）齿圈与动力输入轴连接起来，使前（或后）齿圈成为主动元件，它在所有前进挡时都接合
C2	高、倒挡离合器	将太阳轮与动力输入轴连接起来，使太阳轮成为主动元件，它只在 3 挡（直接挡）或倒挡时接合
B1	2 挡滑行制动器	将公用太阳轮与变速器壳体连接，使其固定，它只在变速器操纵手柄位于 2（S）挡时工作

续表

元件代号	名　称	作　用
B2	2 挡制动器	通过固定单向离合器 F1 可以阻止太阳轮逆时针转动，它只在 2 挡时工作
B3	低、倒挡制动器	将后（或前）行星架与变速器壳体连接，使其固定，可以阻止前行星架转动，它只在倒挡或在变速杆位于 1（L）挡时工作
F1	2 挡单向离合器	在其外圈被制动器 B1 固定时，可以阻止太阳轮逆时针转动
F2	1 挡单向离合器	可以阻止后（或前）行星架逆时针转动，它只在 1 挡时工作

辛普森式行星齿轮传动装置各挡的传动路线分析如下：

（1）D1 或 2-1 挡：前进挡离合器 C1 接合，将输入轴与前行星齿圈连接，1 挡单向离合器 F2 锁止，使后排行星架不能逆时针方向转动而固定。此挡前、后两排行星齿轮机构均参与动力输出。

传动路线为：输入轴→离合器 C1→前行星齿圈→前行星齿轮→共用太阳轮→后行星齿轮→后齿圈→输出轴→前行星架。

（2）D2 挡：前进挡离合器 C1 接合，将输入轴与前行星齿圈连接，2 挡制动器 B2 接合，2 挡单向离合器 F1 锁止，使共用太阳轮不能逆时针方向转动而固定。此挡只有前排行星齿轮机构参与动力输出，后排行星齿轮机构处于空转状态。

传动路线为：输入轴→离合器 C1→前行星齿圈→前行星齿轮→前行星架→输出轴。

注意：在变速杆置于 D1 或 D2 挡域，当汽车滑行时，由于 1 挡单向离合器 F2 或 2 挡单向离合器 F1 处于滑转状态，不阻止后行星架或共用太阳齿轮顺时针方向转动，行星齿轮机构失去反向传递动力的能力，因此，D1、D2 挡均没有发动机制动作用。

（3）D3 挡：前进挡离合器 C1 和高倒挡离合器 C2 接合，此时前排太阳轮和齿圈均与输入轴连接，故行星架也与它们同速转动，形成直接挡。输入轴动力直接传给输出轴。此挡也只有前排行星齿轮机构参与动力输出，后排行星齿轮机构处于空转状态。

在 D3 挡有发动机制动作用，但因为传动比为 1，所以发动机制动作用相对最小。

（4）2-2 挡：传动路线和传动比与 D2 挡相同，只是参与工作的执行元件中多了一个 2 挡滑行制动器 B2，使太阳轮固定，从而使汽车滑行时可以用发动机制动。

（5）L 挡：在变速杆置于 L 挡域时，其动力传递路径和传动比与变速杆置于 D1 或 21 挡域时相同，但在 L 挡，参与工作的执行元件中多了低、倒挡制动器 B3，从而使汽车滑行时有发动机制动作用。

（6）R 挡：倒挡时，直接挡离合器 C2 运作，将输入轴的顺时针方向转动直接传送至前、后太阳齿轮，所以前、后太阳齿轮顺时针方向转动。同时低、倒挡制动器 B3 工作，使后行星齿轮架固定不能转动，这样，前、后太阳轮的顺转带动后行星轮逆转，使后齿圈也逆转。结果，输出轴逆时针方向旋转，驱使车轮倒转。

通过上述几个挡位的分析，可以得出一个带有普遍性的结论：凡使用单向离合器的挡位没有发动机制动，如 D1、21 和 D2 挡位。不使用单向离合器的挡位有发动机制动，如 L、22、D3 和 R 挡位。

（7）P 挡和 N 挡：当换挡杆置于 N 或 P 挡域时，由于前进挡离合器（C1）与直接挡离合器（C2）不运作，所以来自输入轴的输入并不传送至中间轴主动齿轮。

当选挡杆置于 P 挡域时，机械锁止机构中驻车锁定爪将输出轴上的外齿锁住，从而阻止车辆移动。

换挡过程中各换挡执行元件工作情况见表 7-2-3。

表 7-2-3　换挡执行元件工作情况表

操纵手柄位置	挡位	换挡执行元件						
		C1	C2	B1	B2	B3	F1	F2
P	停车挡					●		
R	倒挡		●			●		
N	空挡							
D	1	●						●
	2	●			●		●	
	3	●	●					
2（S）	1	●						●
	2	●		●			●	
1（L）	1	●				●		●

从换挡执行元件工作表中可以看到，在 P 挡时，制动器 B3 工作，其原因是为了避免变速杆从 P 位移动到 R 位时，两个液压元件（离合器 C2 和制动器 B3）同时工作且不同步时而引起的换挡冲击。

（三）液压控制系统

液压控制系统向变矩器提供变速器液，控制油泵产生的液压，根据发动机载荷及车速等调节系统压力，对离合器及制动器施加液压，以控制行星齿轮机构动作。液压控制系统用变速器液润滑转动部件及为变矩器及变速器散热。

液压控制系统由油泵、执行机构部分（离合器、制动器等）和控制机构（控制阀体、蓄压器等）等组成，如图 7-2-14 所示。

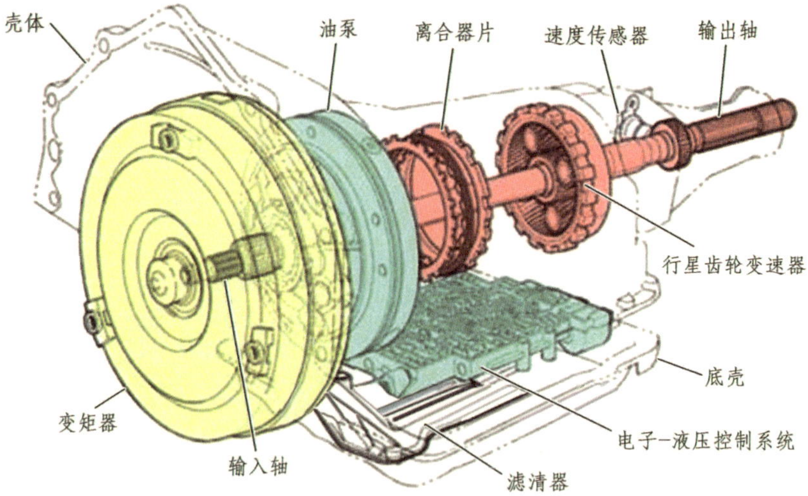

图 7-2-14 液压控制系统的组成

油泵一般位于液力变矩器和行星齿轮传动装置之间，由液力变矩器外壳驱动，如图 7-2-15 所示。常用的油泵有三种类型：齿轮泵、转子泵和叶片泵。

（a）油泵正面

（b）油泵反面

图 7-2-15 油泵

液压控制机构主要指由控制阀组成的油压调节装置、换挡信号系统、换挡控制系统、缓冲安全系统和锁止离合器控制系统，如图 7-2-16 所示。

（四）电子控制系统

电子控制系统利用传感器采集各种数据，并且将其转换为电信号；ECU 根据传感器的信息确定换挡正时及锁止正时，并发出指令操纵阀体中的电磁阀，调节管道压力、控制换挡阀和锁止控制阀的动作，实现自动换挡和变矩器锁止控制。

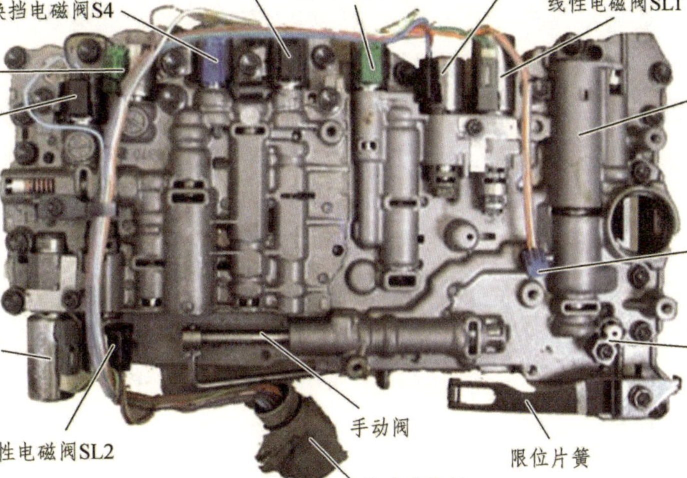

图 7-2-16　液压控制机构的组成

电子控制系统由输入部分（即传感器/开关）、电子控制单元（即 ECT 的 ECU）和执行器（即电磁阀）等组成。电子控制系统根据各传感器和开关获得车辆和节气门开度等信号，并将此类信号输入 ECT 的 ECU，与 ECU 内存储的数据进行比较，经 ECU 处理后，输出最适合于发动机及变速器行驶条件的换挡指令给电磁阀，利用电磁阀控制液压换挡阀移动，切换换挡执行元件（离合器和制动器）的油路，实现换挡时机的精确控制。

（五）自动变速器油（ATF）

自动变速器油（ATF）是专门用于自动变速器的油液，其在自动变速器中主要有以下作用：

（1）通过液力变矩器将发动机动力传递给变速器；

（2）通过电控、液控系统传递压力和运动，完成对各换挡元件的操纵；

（3）冷却：将变速器中的热量带出传递给冷却介质；

（4）润滑：对行星齿轮机构和摩擦副强制润滑；

（5）清洁：清洁运动零件并起密封作用。

自动变速器达到规定行驶里程或放置一年以上必须更换全部油液，同时还应更换 ATF 滤清器。换油时必须使用规定型号的 ATF。具体换油里程、换油方法、用油规格依厂家维修手册规定进行。

三、手动变速器的使用

手动变速器在使用维护时应注意以下几点：

（1）换挡前应将离合器踩到底，操纵变速杆时动作要轻快、准确、柔和，不可用力过猛，也不要硬拉硬推，使齿轮发响，以免变速器操纵机构受损。行驶中，不要长时间将手放在变速杆上，否则会造成变速器换挡拨叉过早磨损。

（2）挂倒挡时要在汽车停止状态下进行，有些车还需要压缩倒挡弹簧或提起倒挡提钮；同样在倒车后，要使车辆前进，也应将车停稳。

（3）运行中换挡必须选好换挡时机，增挡前，应首先进行汽车加速（所谓“冲车”），当车速升高到一定值时，及时挂入高速挡；降挡时，当车速降到一定值时，方可挂入低速挡。在确保安全的情况下，应尽量使用高速挡，以减轻机件的磨损和降低油耗，并且根据路面及交通情况及时调整车速。

（4）严禁在空挡熄火状态下强行挂挡启动发动机，或在车速太低时挂入高速挡以及车速过高时换到低速挡，以免损坏变速器内运动组件和发动机。

（5）正常行驶规定里程后则必须更换一次变速器油，选用变速器用油应符合厂家规定。

手动变速器齿轮油使用应注意以下几方面：

（1）不同等级的车辆齿轮油不能混用且不能将使用级（品种）较低的齿轮油用在要求较高的车辆上。

（2）不要误认为高黏度齿轮油的润滑性能好，应尽可能使用合适的齿轮油。

（3）齿轮油面一般要加到与齿轮箱加油口下缘平齐，不能过高、过低，应经常检查各齿轮箱是否渗漏，并保持各油封、衬垫完好。

（4）齿轮油的使用寿命较长，在换季维护时换用不同的黏度的牌号，放出的旧油若不到换油指标，可在再次换油时使用。旧油应妥善保管，严防水分、机械杂质和混油污染。

（5）应按规定的换油指标换用新油。无油质分析手段时，可按期换油。

任务实施

一、实施准备

（一）任务名称

手动变速器的维护保养。

（二）资源要求

（1）根据工位数量将学生分组，每小组 6 人分工协作操作。

（2）做好车辆安全防护工作，对完工车辆进行检验，并做好现场 5S 工作。

（3）操作设备及资料清单（见表 7-2-4）。

表 7-2-4　操作设备及资料清单

序号	名　称	型　号	数量
1	实训城市公交客车整车	CK6106	2
2	城市公交客车使用手册	CK6106	5

二、任务执行

（1）检查变速器壳体接触面、轴和拉索伸出区域、油封、加油口塞和排放塞处的渗漏情况，如图 7-2-16 所示。

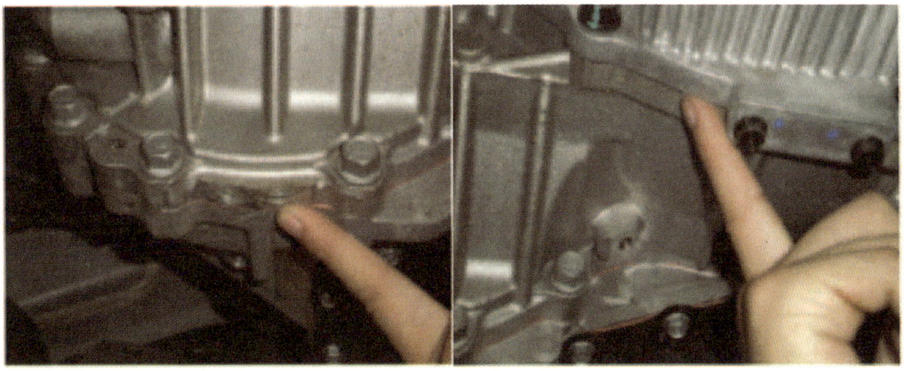

图 7-2-17　渗漏情况的检查

（2）检查变速器油油质，松开排放塞，用专用容器接下部分油液，观察所排出的油液的情况，是否存在异味，油液是否有浑浊情况。用手指去触摸油液，油液中不应存在细小的金属颗粒，如果油液有变质情况，应进行更换。

（3）拆卸变速器油加注孔，检查变速器的油位，若未达到规定油位，应及时加注。

（4）更换手动变速器油液。

① 将车平稳地停放在举升机上，并将车辆举升至一定高度；

② 拆卸排放塞，拧下排放塞后，排出变速器油；

③ 排放完毕后用新垫片安装排放塞；

④ 然后通过加油口塞添加新润滑油，直到油位正好低于加油口塞开口为止；

⑤ 分别用规定的扭矩拧紧排放塞和加油口塞。

（5）复检车辆，验证机油加注是否足够，做好车内清洁，做好现场 5S 工作。

考核评价

实施评价见表 7-2-5。

表 7-2-5　任务实施评价表

考核项目	评价标准	评价方式			得分
流程图是否完成	根据需要进行试车验证（40%）	自评	互评	教师评价	
诊断计划是否合理	按照计划顺利诊断故障（20%）				
诊断计划设计是否规范	诊断过程规范、流程清晰（20%）				
现场 5S 工作情况	工具整理、现场清扫等（20%）				

课后拓展

（1）手动变速由哪些零部件组成？其如何进行换挡？

（2）自动变速器由哪些零部件组成？简述其换挡原理。

（3）手动变速器在使用中应注意哪些方面？

任务三　万向传动装置与驱动桥的构造及使用

学习目标

（1）了解城市公交车万向传动装置的构造。

（2）了解城市公交车驱动桥的构造。

（3）掌握城市公交车万向传动装置和驱动桥的使用。

情境导入

小明在驾驶城市公交教练车训练中，听到底盘位置传来一阵异响，教练让他赶紧停车，下车检查。小明不明白教练为何如此紧张，假设你是教练，为小明讲解万向传动装置和驱动桥的知识，并指导小明正确使用。

知识准备

一、城市公交车万向传动装置

万向传动装置的功用是能在汽车上任何一对轴间夹角和相对位置经常发生变化的转轴之间传递动力。它一般由万向节和传动轴组成，对于传动距离较远的分段式传动轴，还需设置中间支承，如图 7-3-1 所示。

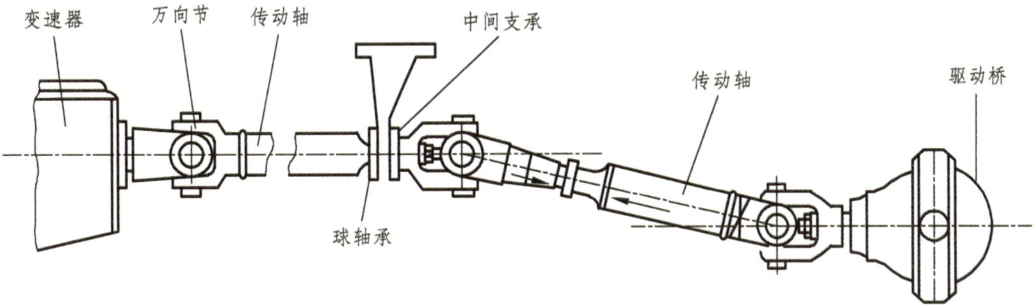

图 7-3-1　万向传动装置

万向传动装置在汽车上的应用有多种安装位置，如表 7-3-1 所示。

表 7-3-1　万向传动装置在汽车上的应用

序号	安置位置	应用特点
1	变速器（或分动器）与驱动桥之间	一般 FR 型汽车变速器（或越野车的分动器）的输出轴线与驱动桥的输入轴线难以布置重合，并且汽车在负荷变化及在不平路面行驶时引起的跳动，将使驱动桥输入轴与变速器输出轴之间的夹角和距离发生变化，故需万向传动装置连接
2	变速器与离合器（或与分动器）之间	虽然变速器、离合器、分动器等都支承在车架上，且它们的轴线也可以设计重合，但为消除车架变形及制造、装配误差等引起的轴线同轴度误差对动力传递的影响，其间也常装有万向传动装置

续表

序号	安置位置	应用特点
3	转向驱动桥和断开式驱动桥中	汽车的转向驱动桥需满足转向和驱动的功能，其半轴是分段的，转向时两段半轴轴线相交且交角变化，因此要用万向传动装置。在断开式驱动桥中，主减速器壳在车架上是固定的，桥壳上下摆动，半轴是分段的，也需用万向传动装置
4	转向操纵机构中	某些汽车的转向操纵机构受整体布置的限制，转向盘轴线与转向器输入轴线不重合，因此在转向操纵机构中装有万向传动装置

（一）万向节

万向节即万向接头，是实现变角度动力传递的机件，用于需要改变传动轴线方向的位置，它是汽车驱动系统的万向传动装置的“关节”部件。万向节按其刚度大小，可分为刚性万向节和柔性万向节。常见的有十字轴式刚性万向节，如图 7-3-2 所示。

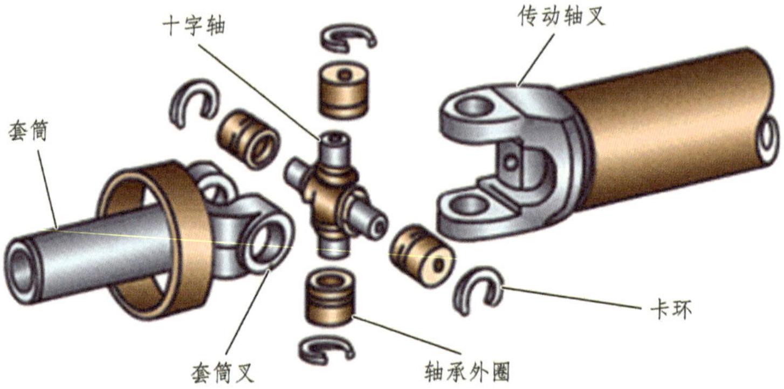

图 7-3-2　十字轴式刚性万向节的结构

1. 十字轴式刚性万向节构造

它允许的相邻两轴的最大交角为 15°～20°，主要由万向节叉、十字轴及轴承等组成。其结构是两万向节叉上的孔分别套在十字轴的两对轴颈上。当主动轴转动时，从动轴既可随之转动，又可绕十字轴中心在任意方向摆动。为减少摩擦，在十字轴和万向节叉孔间装有滚针轴承，然后用螺钉和盖将套筒固定在万向节叉上，并用锁片将螺钉锁紧。为了润滑轴承，十字轴做成中空的，并有油路通向轴颈。十字轴式万向节的损坏是以十字轴轴颈和滚针轴承的磨损为标志的，润滑和密封直接影响万向节的使用寿命。刚性万向节可以保证在轴向交角变化时可靠地传动，结构简单，并有较高的传动效率，因此在现代汽车上被广泛采用。缺点是单个万向节在输入轴和输出轴之间有夹角的情况下，其两轴的角速度不相等。

2. 刚性万向节的速度特性与等角速传动条件

（1）速度特性。

刚性万向节传动，当主动叉是等角速转动时，从动叉是不等角速的，其变化情况如图 7-3-3 所示。设叉轴 1 以等角速 ω_1 旋转，两叉轴夹角为 α。

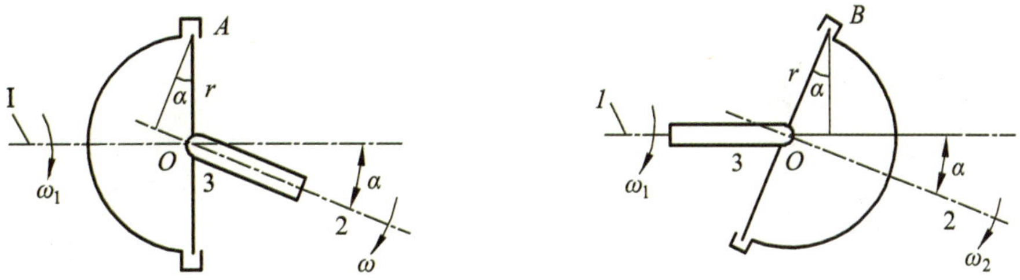

（a）在垂直位置　　　　（b）主动叉在水平位置

图 7-3-3　刚性万向节的速度特性

1—主动叉轴；2—从动叉轴；3—十字轴；4—十字轴旋转半径（$r=OA=OB$）

（2）等角速传动的条件。

由于刚性万向节是不等角速传动的，从而使得与其相连的各零件除传递正常扭矩外，还要承受因加速和减速所产生的附加载荷，这将加剧机件的损坏。

为了实现等角速传动，以消除不等速的影响，可将两个万向节按图 7-3-4 所示的排列串联安装。

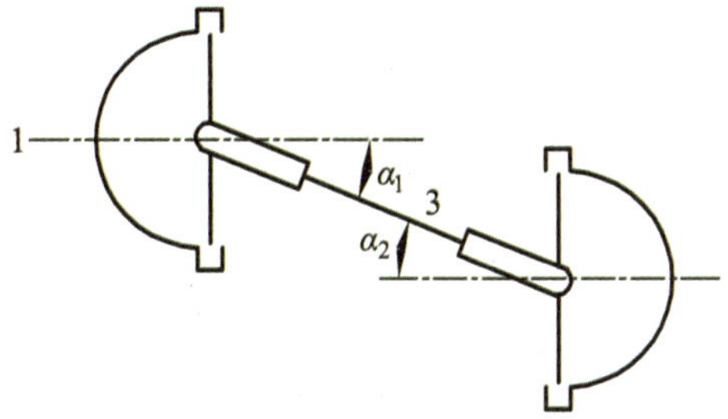

（a）平行排列

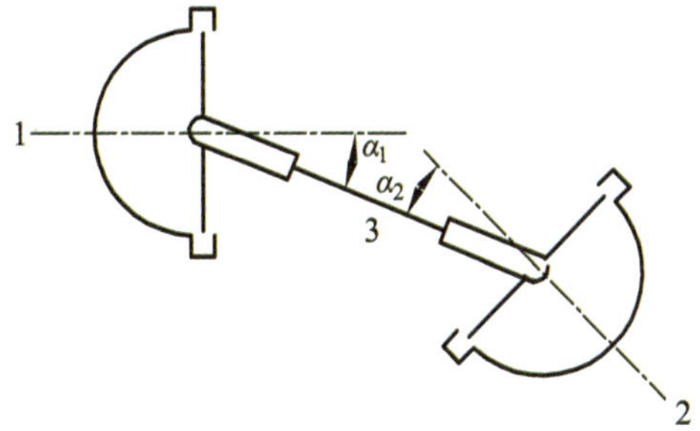

（b）等腰式排列

图 7-3-4　双万向节的等速排列方式

（二）传动轴与中间支承

传动轴和中间支承的组成如图 7-3-5 所示。

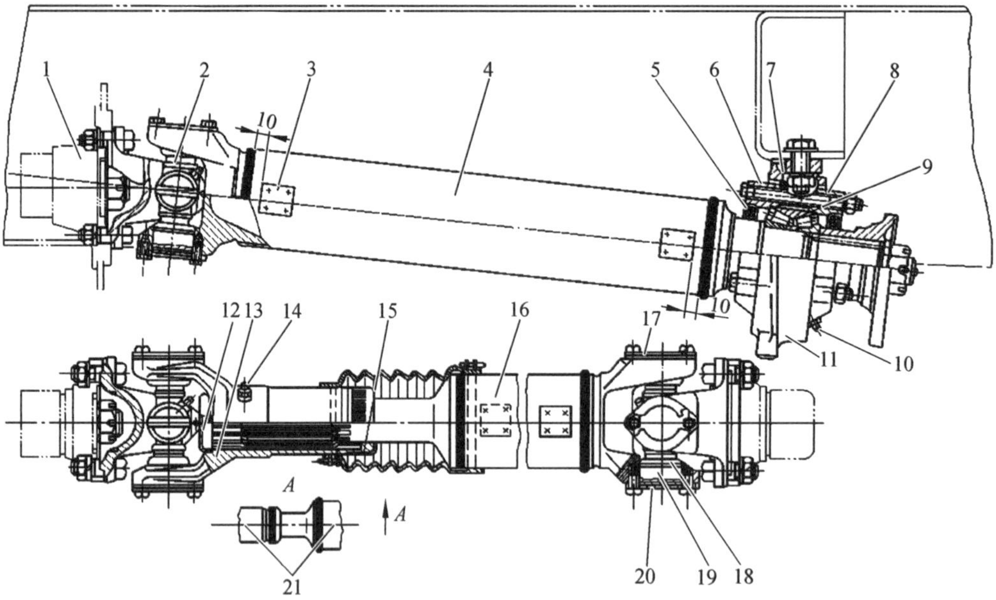

（a）中间传动轴和主传动轴

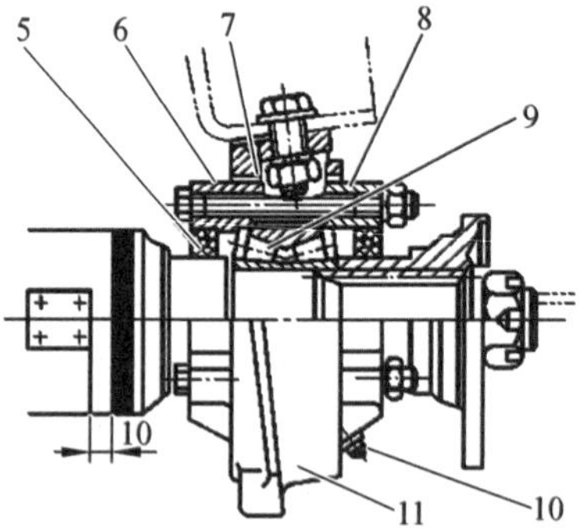

（b）中间支承

图 7-3-5　传动轴和中间支承的组成

1—凸缘叉；2—万向节十字轴；3—平衡片；4—中间传动轴；5，15—油封；6—中间支承前盖；7—橡胶垫环；8—中间支承后盖；9—双列圆锥滚子轴承；10，14—注油嘴；11—支架；12—堵盖；13—万向节滑动叉；16—主传动轴；17—锁片；18—滚针轴承油封；19—万向节滚针轴承；20—滚针轴承轴承盖；21—装配位置标记

1. 传动轴

传动轴的构造如图 7-3-5（a）所示。

为了减少传动轴中花键连接的轴向滑动阻力和磨损，有的传动轴在花键槽内设置有滚动元件，改滑动摩擦为滚动摩擦。

2. 中间支承

常用的中间支承有如下三种形式：

（1）双列圆锥滚子轴承式中间支承，如图 7-3-5（b）所示。

（2）蜂窝软垫式中间支承，如图 7-3-6 所示。

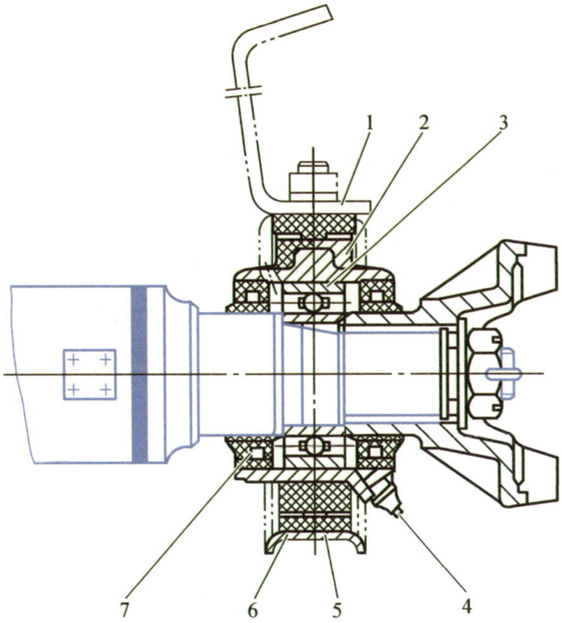

图 7-3-6　蜂窝软垫式中间支承

1—车架横梁；2—轴承座；3—轴承；4—注油嘴；5—蜂窝形橡胶垫；6—U 形支架；7—油封

（3）摆动式中间支承，如图 7-3-7 所示。

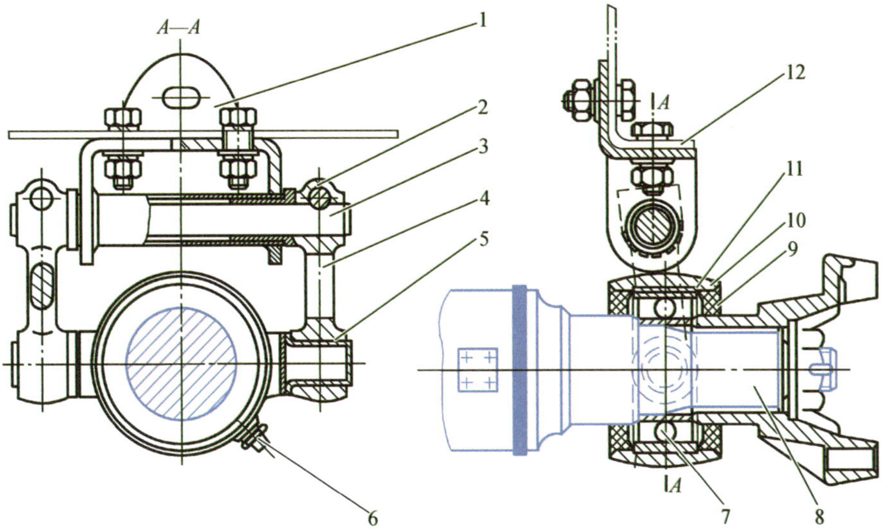

图 7-3-7　摆动式中间支承

1—支架；2，5—橡胶衬套；3—支承轴；4—摆臂；6—注油嘴；7—轴承；8—中间传动轴；
9—油封；10—支承座；11—卡环；12—车架横梁

二、驱动桥

驱动桥的功用是将万向传动装置（或变速器）传来的动力经降速增扭、改变动力传递方向（发动机纵置时）后，分配到左右驱动轮，使汽车行驶，并允许左右驱动轮以不同的转速旋转。它由主减速器、差速器、半轴和桥壳等组成，如图 7-3-8 所示。

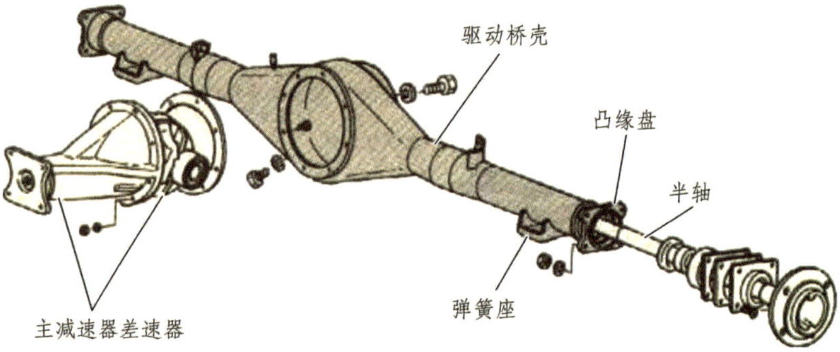

图 7-3-8 驱动桥的结构

驱动桥有整体式驱动桥和断开式驱动桥两种类型，如图 7-3-9 所示。

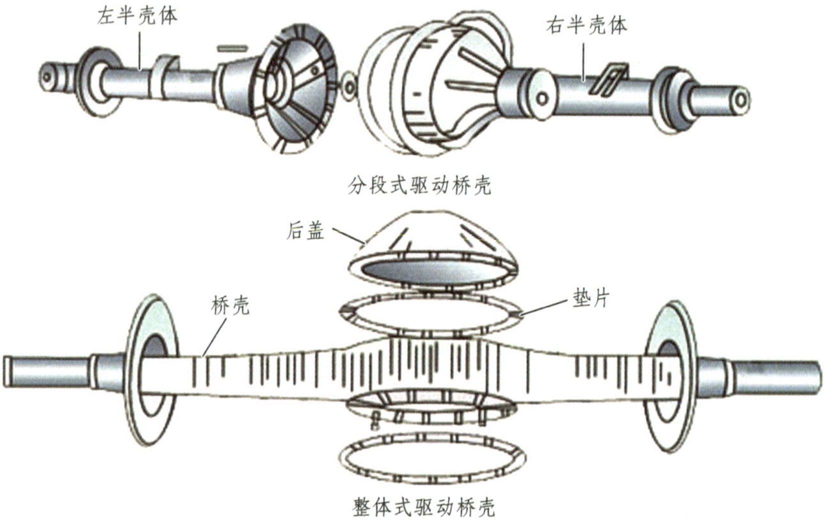

图 7-3-9 驱动桥的类型

整体式驱动桥采用非独立悬架，其驱动桥壳为一刚性的整体，两端通过悬架与车架连接。行驶时左右驱动轮不能相互独立地跳动，整个车桥和车身会随着路面的凸凹变化而发生倾斜。城市公交车多采用此种类型。

断开式驱动桥采用独立悬架，其主减速器固定在车架上，驱动桥壳制成分段并用铰链连接，半轴也分段并用万向节连接。驱动桥两端分别用悬架与车架连接。这样，两侧的驱动轮及桥壳，可以彼此独立地相对于车架上下跳动，而车身不会随车轮跳动，提高了车辆的行驶平顺性和通过性。

（一）主减速器

主减速器的功用是将输入的转矩增大，转速降低，并将动力传递方向改变后（发动机横置的除外）传给差速器，如图 7-3-10 所示。

图 7-3-10　主减速器

按参加传动的齿轮副数目，主减速器可分为单级式和双级式主减速器。

按主减速器传动速比个数，主减速器可分为单速式和双速式主减速器。

按齿轮副结构形式，主减速器可分为圆柱齿轮式和圆锥齿轮式主减速器。

（二）差速器

差速器的功用是将主减速器传来的动力传给左、右两半轴，并在必要时允许左、右半轴以不同转速旋转，以满足两侧驱动轮差速的需要。其结构如图 7-3-11 所示。

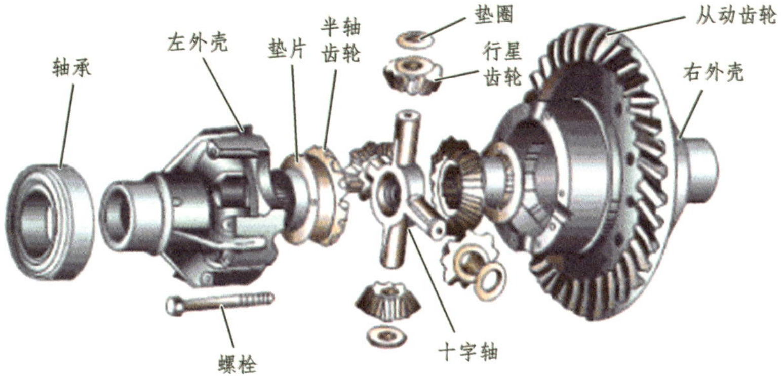

图 7-3-11　差速器的结构

当车辆行驶时，动力经主减速器主动锥齿轮依次传至从动锥齿轮、差速器壳、十字轴、行星齿轮、半轴齿轮和半轴，最后传到驱动车轮。若两侧车轮以相同的转速转动时，行星齿轮绕半轴轴线转动，称为公转。若两侧车轮由于阻力不同，则行星齿轮在公转运动的同时，还绕自身的轴线转动，称为自转。因而两半轴齿轮带动两侧车轮以不同转速转动。

任务实施

一、实施准备

（一）任务名称

城市公交车辆万向传动装置及驱动桥结构认知。

（二）资源要求

（1）根据工位数量将学生分组，每小组 6 人分工协作操作。
（2）做好实训设备安全防护工作，做好现场 5S 工作。
（3）操作设备及资料清单（见表 7-3-2）。

表 7-3-2　操作设备及资料清单

序号	名　称	型　号	数量
1	城市公交车万向传动装置实训台	CK6106	5
2	城市公交车驱动桥实训台	CK6106	6
2	城市公交客车使用手册	CK6106	5
3	任务工单		1 份/人

二、任务执行

在教师的带领下对城市公交车万向传动装置及驱动桥总体结构进行认知，根据任务书填写各零部件、总成的名称。

考核评价

考核评价见表 7-3-3。

表 7-3-3　任务实施评价表

考核项目	评价标准	评价方式			得分
认知流程图是否完成	根据需要进行试车验证（40%）	自评	互评	教师评价	
认知计划是否合理	按照计划顺利实施任务（20%）				
任务书填写是否规范	认知过程规范，任务书填写清晰、正确（20%）				
现场 5S 工作情况	工具整理、现场清扫等（20%）				

课后拓展

（1）简述城市公交车万向传动装置的作用。

（2）驱动桥有哪些类型？各有怎样的特点？

项目八

城市公交车辆转向系统

任务一　转向系统的构造与使用

学习目标

（1）熟练认知城市公交车转向系统的结构。

（2）掌握转向系统的正确使用方法。

情境导入

小明今天在训练场进行城市公交车训练时，感觉方向盘转动非常吃力，他将此情况报告了教练，假设你是教练，为小明讲解城市公交车转向系统的相关知识，并指导小明如何检查转向系统。

知识准备

城市公交车辆转向系统根据交通和道路情况变化的需要，驾驶员通过操纵转向盘，以改变汽车行驶的方向或使汽车保持稳定的直线行驶。为此，对转向系统的要求如下：

（1）转向时必须轻巧灵活，转向后车轮能自动回正；

（2）转小弯时，转向盘不必转很多圈；

（3）直向前进时，应稳定且无蛇行现象；

（4）车轮的振动及摆动不致使转向盘转动；

（5）转向时，左、右转向轮轴线的延长线和后轴的延长线应相交于一点；

（6）转向时，两轮的偏转角应符合一定的规律。

车辆转向系统按转向力源的不同，可分为机械式转向系统和动力式转向系统两大类，如图 8-1-1 所示。机械式转向系统按传动副的结构形式不同，可以分为蜗杆曲柄指销式、循环球式、齿轮齿条式三种。动力式转向系统按动力源不同，可分为液压式动力转向系统和电动式动力转向系统。

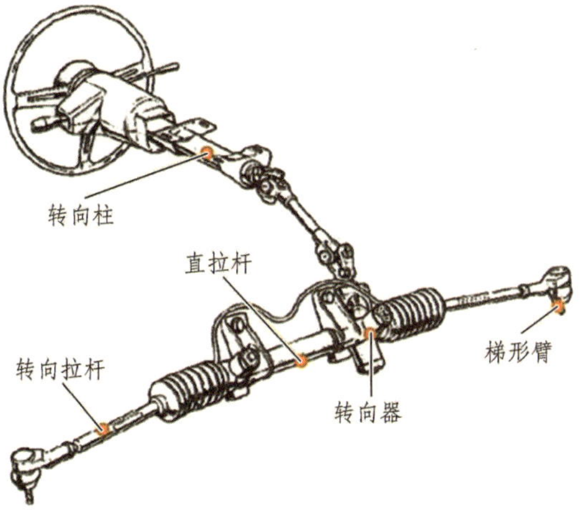

（a）机械式转向系统

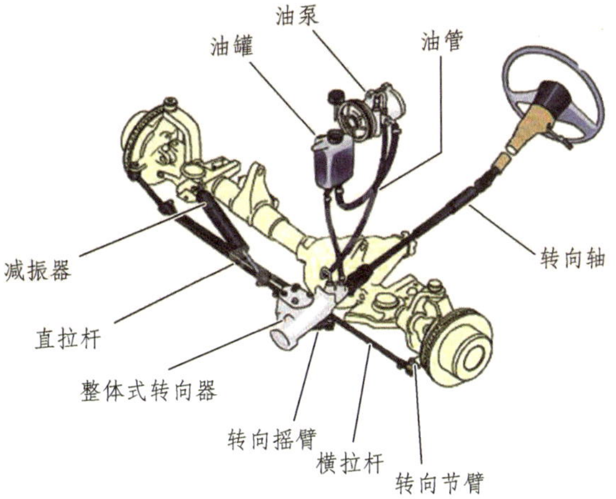

（b）动力式转向系统

图 8-1-1　城市公交车转向系统

无论是机械式转向系统还是动力式转向系统，它一般都由转向操纵机构、转向器和转向传动机构三大部分组成。

一、转向系统的主要参数

1. 转向系统角传动比

方向盘的转角与安装在同侧的转向车轮偏转角的比值，称为转向系统的角传动比，用 i_w 表示。

$$i_w = i_{w1} \cdot i_{w2}$$

2. 转向器角传动比

转向盘的转角与转向摇臂摆角之比，称为转向器的角传动比，用 i_{w1} 表示。

3. 转向传动机构角传动比

转向摇臂的摆角与安装在转向盘同侧的转向车轮偏转角之比，称为转向传动机构角传动比，用 i_{w2} 表示。$i_{w2} \approx 1$（一般为 0.85 ~ 1.1），故有 $i_w = i_{w1}$。可见，转向系角传动比 i_w 主要取决于转向器角传动比 i_{w1}。客货车的 i_{w1} 一般为 16 ~ 32，轿车的 i_{w1} 一般为 12 ~ 20。

转向系角传动比 i_w 影响汽车的操纵轻便性和转向灵敏性。i_w 越大，操纵转向盘的转向力矩越小，当转向盘直径一定时，驾驶员施加于转向盘的力就越小，即转向操纵越轻便。但 i_w 不能过大，否则将导致转向操纵不够灵敏，即为了得到一定的转向轮偏转角，需增加转向盘的转动量。所以，选取 i_w 时，应适当兼顾转向操纵轻便和转向灵敏两方面的要求。

4. 转向器的传动效率

转向器输出功率与输入功率之比称为转向器的传动效率。当功率由转向盘输入，从转向摇臂输出时，所求得的传动效率称为正传动效率；反之，转向摇臂受到道路冲击而传到转向盘的传动效率则称为逆传动效率。正、逆传动效率都很高的转向器（称为可通逆式转向器），有利于汽车转向后转向轮的自动回正，但转向盘“路感”很强，也容易在坏路行驶时出现“打手”现象，所以主要应用于经常在良好路面行驶的车辆。正传动效率远大于逆传动效率的转向器（称为极限可逆式转向器），能实现汽车转向后转向轮的自动回正，只有路面冲击力很大时，方能部分地传到转向盘，其“路感”较差，主要应用于中型以上的越野汽车、工矿用自卸汽车等。

5. 转向盘自由行程

转向盘为消除转向系统各传动件之间的装配间隙、克服弹性变形所空转过的角度称为转向盘的自由行程。由于转向系统各传动件之间都存在着装配间隙，而且这些间隙将随零件的磨损而增大，因此，在一定的范围内转动转向盘时，转向节并不随即同步转动，而是在消除这些间隙并克服机件的弹性形变后，才做相应的转动，即转向盘有一空转范围。

转向盘自由行程对于缓和路面冲击及避免驾驶员过度紧张是有利的，但过大的自由行程会影响转向灵敏性。所以，汽车维护中应定期检查转向盘的自由行程。机动车转向盘的最大自由转动量从中间位置向左或向右均不超过 10°～15°。当零件磨损严重到转向盘自由行程超过 25°～30°时，则必须进行调整。通常是通过调整转向器传动副的啮合间隙来调整转向盘的自由行程。

二、转向系统的主要构件

1. 转向器

转向器是转向系统中的减速传动装置，其功用是增大由转向盘传到转向节的力，并改变力的传动方向。

转向器的种类较多，一般按转向器中的传动副的结构形式分为齿轮齿条式、循环球式、蜗杆曲柄指销式和蜗杆滚轮式等几种。下面主要介绍齿轮齿条式转向器和循环球式转向器。

（1）齿轮齿条式转向器。

齿轮齿条式转向器主要由转向器壳体、转向齿轮、转向齿条等组成。转向器通过转向器壳体的两端用螺栓固定在车身（车架）上，如图 8-1-2 所示。

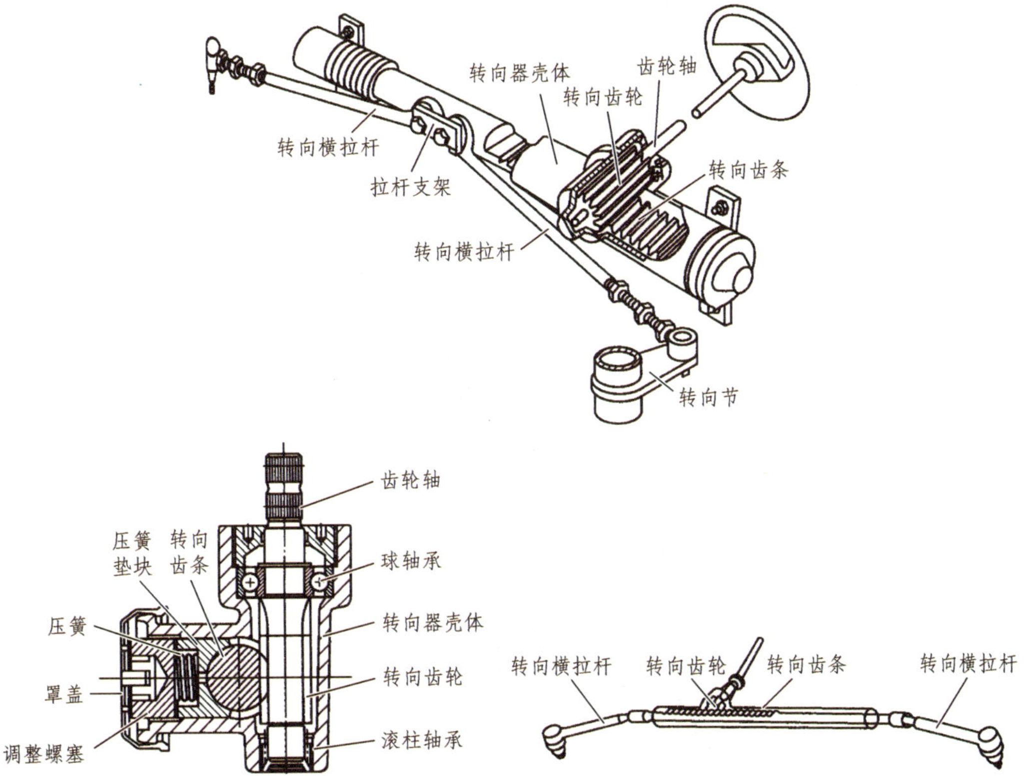

图 8-1-2　齿轮齿条式转向器的结构

齿轮齿条式转向器结构简单，传动效率高，操纵轻便，质量轻。由于该转向器不需要转向摇臂和转向直拉杆，还使转向传动机构得以简化。

（2）循环球式转向器。

循环球式转向器的正效率很高（最高可达90%～95%），故操纵轻便，使用寿命长。但其逆效率也很高，容易将路面冲击力传到转向盘。循环球式转向器广泛应用于各类各级汽车。其结构如图 8-1-3 所示。

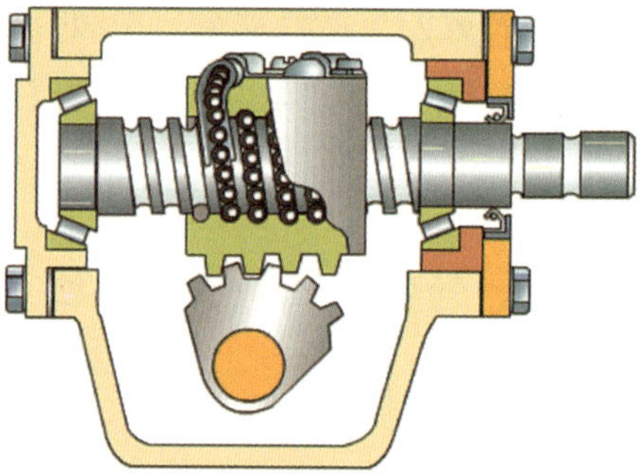

图 8-1-3　循环球式转向器

当驾驶员左、右转转向盘时，通过带有万向传动装置的转向柱的传动，使转向螺杆转动，循环钢珠在螺旋管状通道内滚动，形式“球流”。钢珠在管状通道内绕行两周后，流出转向螺母而进入导管的一端，再沿导管的另一端流回螺旋管状通道。故在转向器工作时，两列钢球只是在各自的封闭流道内循环，而不致脱出。钢球流动的同时，推动螺母沿螺杆轴线前、后移动。然后，齿条带动齿扇摆动，使摇臂轴发生移动。最后，通过转向传动机构推动转向轮偏转，实现汽车转向。

2. 转向操纵机构

转向操纵机构的功用是产生转动转向器所必需的操纵力，并具有一定的调节和安全性能。转向操纵机构要将驾驶员操纵转向盘的力传给转向器，同时为了驾驶员的舒适驾驶，还要求转向操纵机构可以进行调节，以满足不同驾驶员的需求。为了防止车辆撞击后对驾驶员的损伤，还要求转向操纵机构具有一定的安全保护装置。其结构如图 8-1-4 所示。

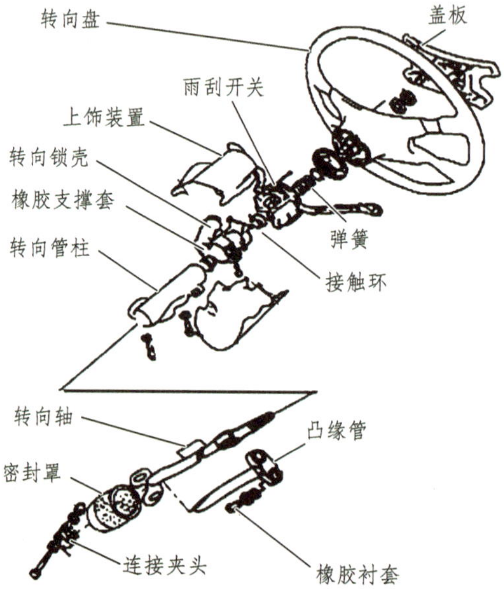

图 8-1-4　转向操纵机构

3. 转向传动机构

转向传动机构的作用是将转向器输出的转向力传递给转向轮，并推动转向轮发生偏转，以实现汽车转向。同时，还衰减因路面不平引起的振动，以稳定汽车行驶方向，避免转向盘“打手”。

转向传动机构的布置与悬架的类型相关，与非独立悬架配用的转向传动机构，各杆件之间都采用球形铰链连接，并设有防止松动、缓冲吸振、自动消除磨损后的间隙等结构措施。

当转向轮采用独立悬架时，由于每个转向轮都需要相对于车架（或车身）做独立运动，所以，转向桥必须是断开式的。与此同时，转向传动机构中的转向梯形也必须分成两段或三段。

三、城市公交车转向系统的使用

城市公交车转向系统在使用中应注意以下几点：

（1）注意不同车的方向盘锁。

（2）两手操纵方向盘时，以左手为主，右手为辅。

（3）在汽车直线行驶时，自然握稳方向盘；在凸凹不平路面行驶时，握紧方向盘。

（4）转弯时，不可双手同时脱离方向盘。

任务实施

一、实施准备

（一）任务名称

城市公交车辆转向系统的检查与维护。

（二）资源要求

（1）根据工位数量将学生分组，每小组 6 人分工协作操作。

（2）做好车辆安全防护工作，对完工车辆进行检验，并做好现场 5S 工作。

（3）操作设备及资料清单（见表 8-1-1）。

表 8-1-1 操作设备及资料清单

序号	名称	型号	数量
1	实训城市公交客车整车	CK6106	2
2	城市公交客车使用手册	CK6106	5

二、任务执行

1. 转向盘自由行程的检查

转向盘自由行程是指处于直线行驶位置的前轮不发生偏转情况下，转向盘能转过的角度。一般汽车转向盘左右自由转动量不超过30°，如图 8-1-5 所示。如果超过这个范围，将使汽车在行驶中转向盘左右偏摆晃动。这一般是由于转向轴万向节或联轴器的磨损、转向传动杆系的磨损、转向器磨损或超出调整范围造成的。

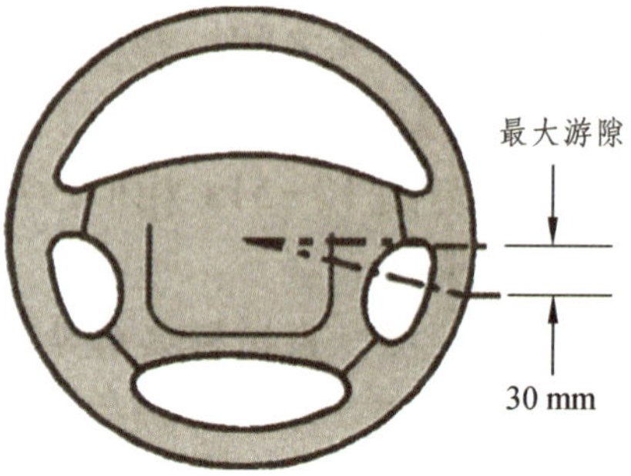

图 8-1-5 测量转向盘自由行程

2. 转向角的检查与调整

为了避免转向不足或车轮碰撞汽车的其他部分，应进行汽车前轮转向角的调整。转向角过大，汽车转弯时，轮胎容易与翼子板和直拉杆碰擦；转向角过小，使转弯困难，影响汽车的最小转弯半径和机动性。

转向角检查，应在前束调整后进行。将前轴顶起，使转向轮处于直线行驶位置，靠轮胎边缘画出与车轮平行的直线，把转向盘转到底再画出第二条直线，然后用量角规测量转向角。左、右两边车轮检查方法一样，如图 8-1-6 所示。

如果转向角过大或过小，可旋进或旋出转向节突缘上的限制螺钉予以调整。一般调至车轮偏转到极限位置时，轮胎距离最近的可能相碰物 8 ~ 10 mm。

图 8-1-6 最大转向角的检查

考核评价

实施评价见表 8-1-2。

表 8-1-2　任务实施评价表

考核项目	评价标准	评价方式			得分
流程图是否完成	根据需要进行试车验证（40%）	自评	互评	教师评价	
诊断计划是否合理	按照计划顺利诊断故障（20%）				
诊断计划设计是否规范	诊断过程规范、流程清晰（20%）				
现场 5S 工作情况	工具整理、现场清扫等（20%）				

课后拓展

（1）机械式转向系统由哪几部分构成？

（2）转向系统在使用中应注意哪些问题？

任务二　动力转向系统认知

学习目标

（1）了解动力转向系统的特点。

（2）了解动力转向系统的结构。

情境导入

因小明前期训练驾驶的城市公交车辆需要维护作业，今天换了一辆城市公交教练车，小明在训练时感觉方向转向很轻松，他将此情况报告了教练，教练告诉他该车是动力转向系统，假设你是教练，为小明讲解动力转向系统的相关知识。

知识准备

采用动力转向的汽车转向时，所需的能量只有小部分是驾驶员提供的体能，而大部分是发动机驱动转向油泵旋转，将发动机输出的部分机械能转化为压力能，并在驾驶员的控制下对转向传动装置或转向器传力，从而实现转向。

动力转向装置按传能介质的不同，可以分为液压式和气压式两种。目前，城市公交车广泛应用液压式动力转向装置，如图 8-2-1 所示。液压式动力转向装置按液流形式分为常流式和常压式两种。

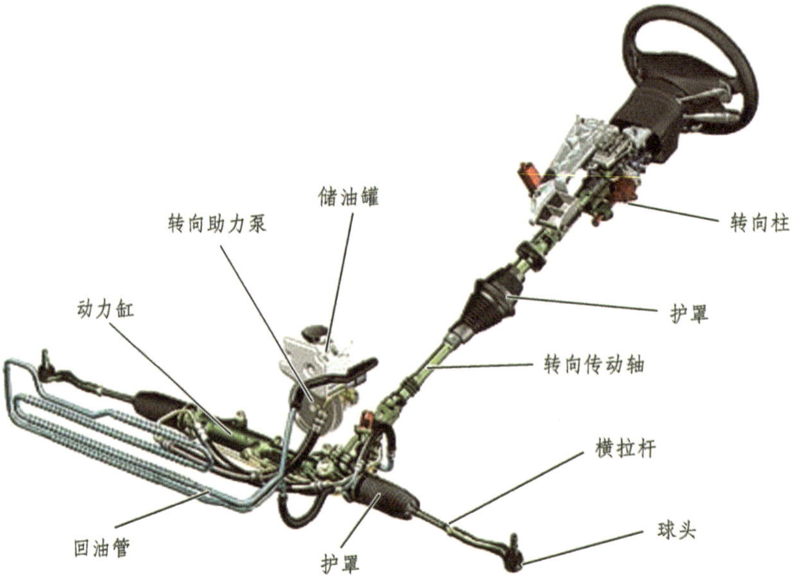

图 8-2-1　液压动力转向系统

动力转向系统的组成是在普通机械转向系统的基础上增加了一套转向加力装置。转向加力装置主要包括转向油罐、转向油泵、转向控制阀和转向动力缸。

一、液压式动力转向系统的工作原理

液压式动力转向系统的工作原理如图 8-2-2 所示。汽车直线行驶时，滑阀在回位弹簧的作用下保持在中间位置。转向控制阀内各环槽相通，自油泵输送出来的油液进入阀体环槽 A 之后，经环槽 B 和 C 分别流入动力缸的 R 腔和 L 腔，同时又经环槽 D

和 E 进入回油管道流回油罐。这时，滑阀与阀体各环槽槽肩之间的间隙大小相等，油路通畅，动力缸因其左、右两腔油压相等而不起加力作用。油泵泵出的油液仅需克服管道阻力流回油罐，故油泵负荷很小，整个系统处于低油压状态。

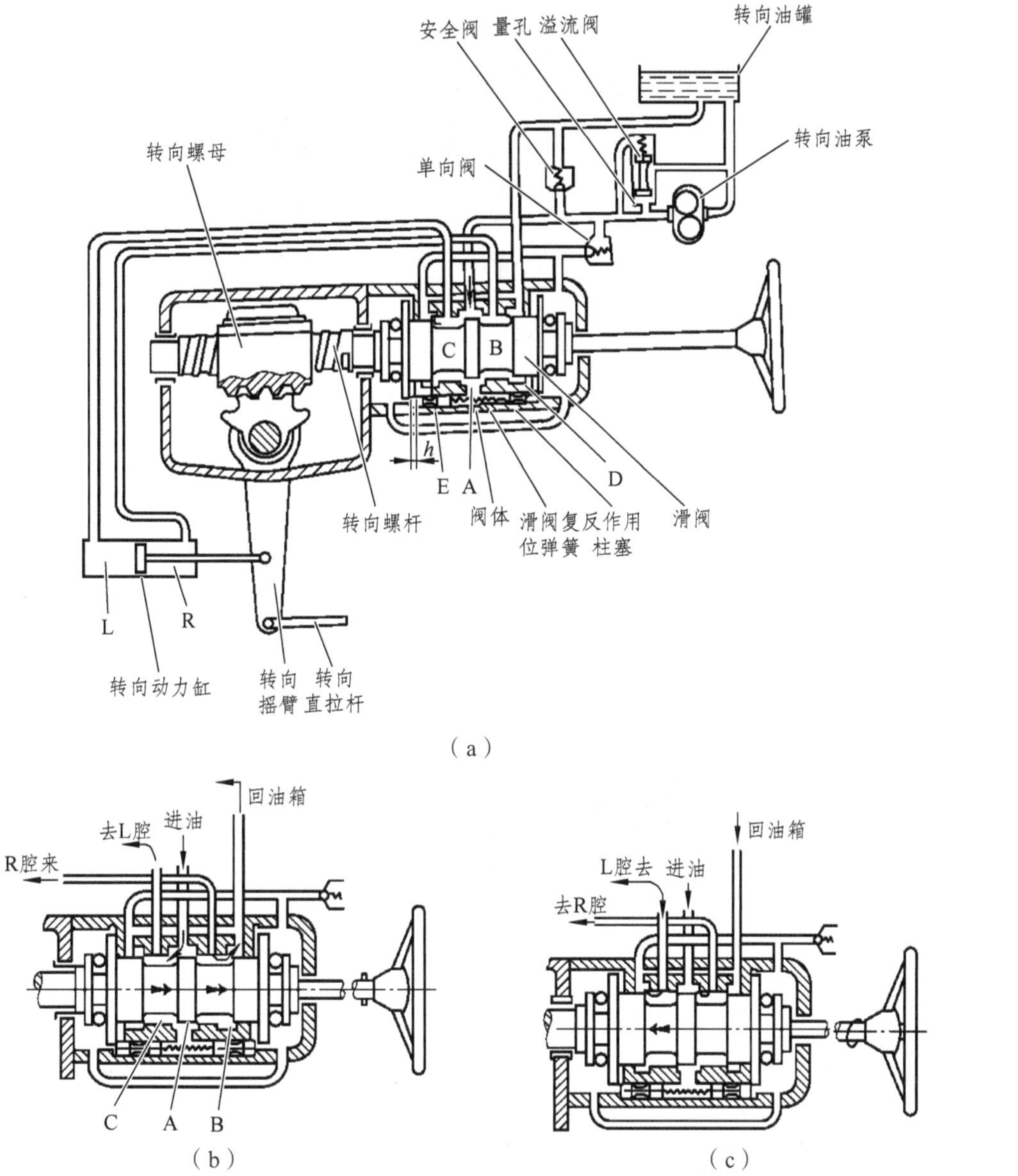

图 8-2-2　液压式动力转向系统工作原理

二、液压式助力转向系统的组成

1. 转向油泵

转向油泵是动力转向系统的动力来源，通常安装在发动机前部，由发动机通过皮带驱动。现代城市公交车常用转向油泵为转子式叶片油泵，它由泵体、转子、定子、叶片、驱动轴等组成，如图 8-2-3 所示。

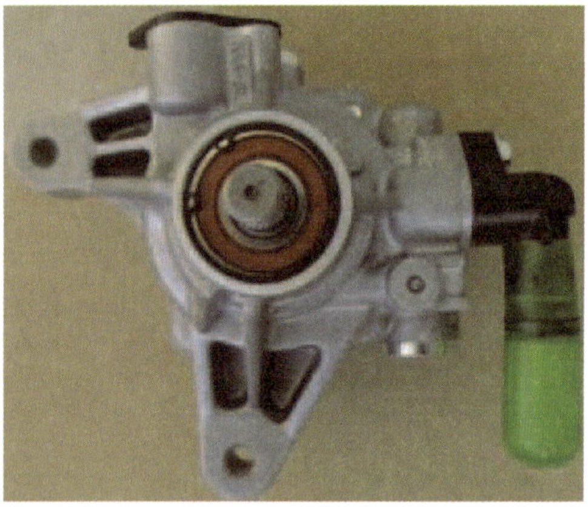

图 8-2-3　转向油泵

转向油泵的工作原理如图 8-2-4 所示。转子通过驱动轴由发动机通过皮带驱动，在离心力的作用下，安装在转子槽内的叶片向外甩，并压靠在定子椭圆形的内腔，转子按顺时针方向转动时，来自储油罐的油液从进油口 A 进入油泵，并被吸入到转子、定子和叶片之间的油腔，随着转子的转动，油腔容积从进油口 A 先逐渐增大（吸油），再逐渐减小产生压力从 B 流出，再经过节流孔流向出油口，出油口与转向控制阀连接。

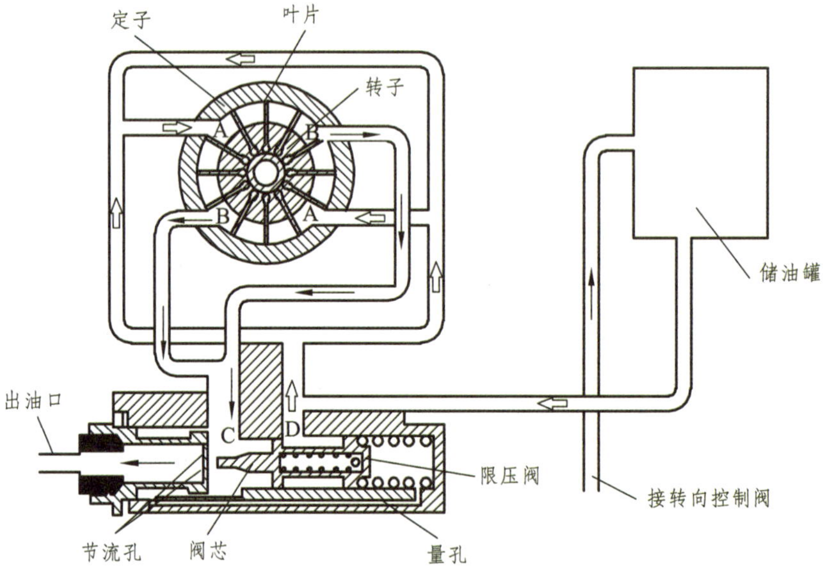

图 8-2-4　转向油泵工作原理

2. 储油罐

储油罐的作用是储存滤清并冷却液压动力转向装置的工作油。储油罐一般是单独安装的，也有的安装在转向液压泵上。

3. 转向控制阀

（1）滑阀式转向控制阀。

阀体沿轴向移动来控制油液流量的转向控制阀，称为滑阀式转向控制阀，简称滑阀。

（2）转阀式转向控制阀。

阀体绕其轴线转动来控制油液流量的转向控制阀，称为转阀式转向控制阀，简称转阀。

三、电子控制动力转向系统的构造及工作原理

电子控制动力转向系统在低速行驶时可使转向轻便、灵活；在中高速区域转向时，能保证提供最优的动力放大倍率和稳定的转向手感，提高了高速行驶的操纵稳定性。同时，还能减少发动机损耗，增大输出功率，节省燃油。电子控制动力转向系统通常由转矩传感器、车速传感器、电动机、电磁离合器、减速机构、电子控制单元等组成，如图 8-2-5 所示。

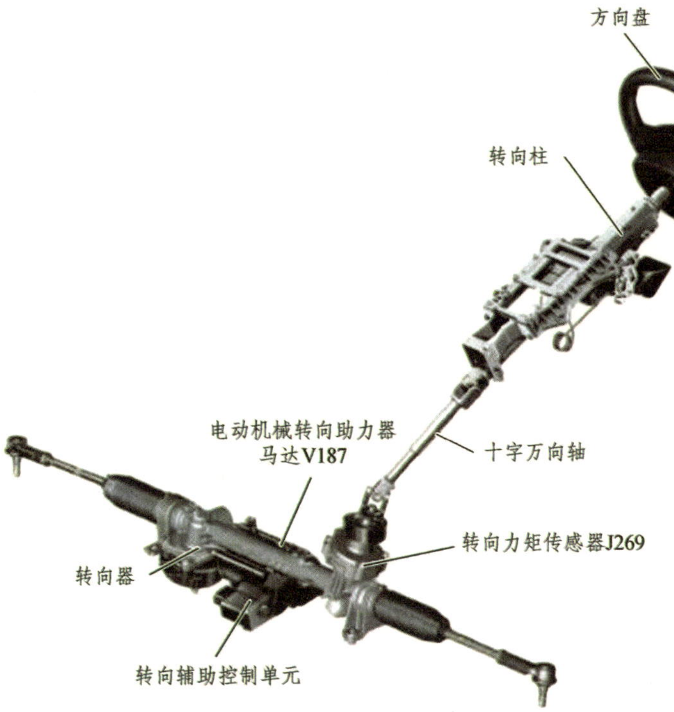

图 8-2-5　电子控制动力转向系统的组成

1. 转矩传感器

转矩传感器也称转向传感器，其作用是通过测定转向盘与转向器之间的相对转矩，作为电动助力的依据之一。

2. 电动机组件

电动机组件是由电动机、电磁离合器和减速机构组成的整体。

3. 控制系统

控制系统的控制原理如图 8-2-6 所示。

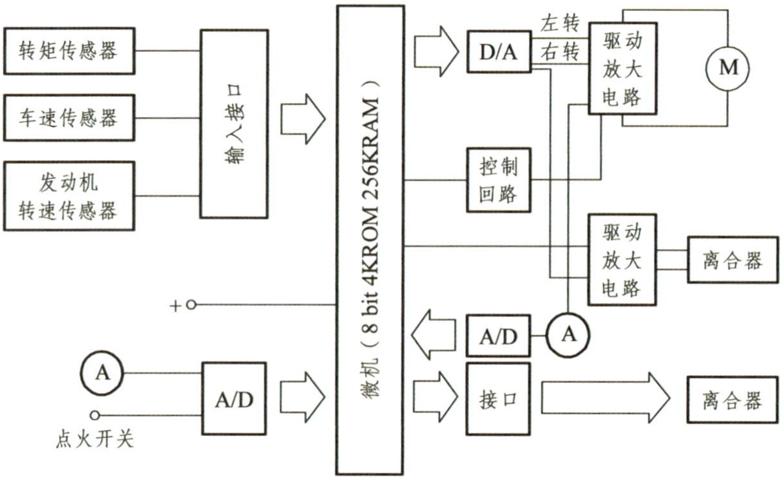

图 8-2-6　控制系统的控制原理

任务实施

一、实施准备

（一）任务名称

城市公交车辆动力转向系统的认知。

（二）资源要求

（1）根据工位数量将学生分组，每小组 6 人分工协作操作。
（2）做好实训设备安全防护工作，做好现场 5S 工作。
（3）操作设备及资料清单（见表 8-2-1）。

表 8-2-1　操作设备和资料清单

序号	名　称	型　号	数量
1	城市公交车动力转向系统实训台	CK6106	5
2	城市公交客车使用手册	CK6106	5
3	任务工单		1 份/人

二、任务执行

在教师的带领下对城市公交车动力转向装置总体结构进行认知，根据任务书填写各零部件、总成的名称。

考核评价

考核评价见表 8-2-2。

表 8-2-2　任务实施评价表

考核项目	评价标准	评价方式			得分
认知流程图是否完成	根据需要进行试车验证（40%）	自评	互评	教师评价	
认知计划是否合理	按照计划顺利实施任务（20%）				
任务书填写是否规范	认知过程规范，任务书填写清晰、正确（20%）				
现场 5S 工作情况	工具整理、现场清扫等（20%）				

课后拓展

（1）简述动力转向装置的特点。

（2）简述电子控制动力转向装置的特点。

项目九
城市公交车辆行驶系统

任务一　城市公交车轮胎的合理使用

学习目标

（1）掌握车辆轮胎的作用与结构。
（2）掌握车辆轮胎的正确使用。

情境导入

小明结束了一天的城市公交车训练后，进行收车检查时发现车辆轮胎气压有些不足，他将此情况报告了教练，假设你是教练，为小明讲解城市公交车轮胎的相关知识，并指导小明进行轮胎的检查与维护。

知识准备

车辆行驶系统的主要作用是把来自传动系统的扭矩转化为地面对车辆的驱动力；传递并承受路面作用于车轮上的各项反作用力及其所形成的力矩；尽可能缓和不平路

面对车身的冲击，衰减其振动，保证车辆行驶的平顺性；与车辆转向配合，实现车辆行驶方向的正确控制，保证车辆操纵的稳定性。

车辆行驶系统主要由车架、车桥、车轮、悬架等组成，如图 9-1-1 所示。

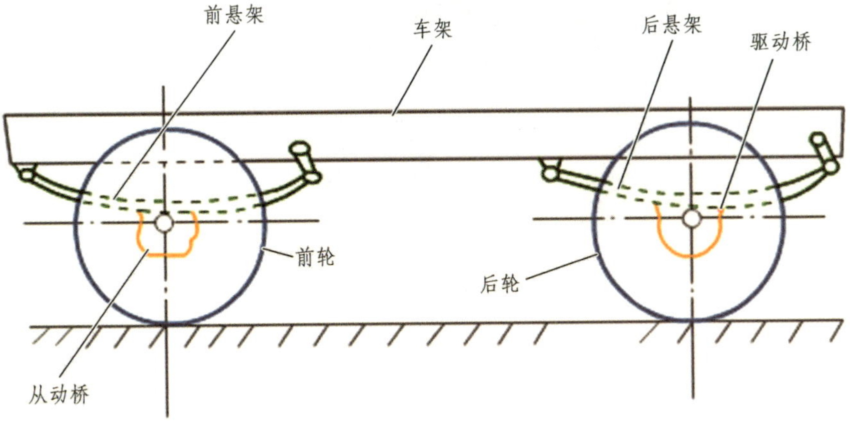

图 9-1-1　车辆行驶系统的组成

一、轮胎的作用与类型

车辆轮胎是车辆行驶系统的重要零部件之一。据估算，花在轮胎上的维护费用约占车辆正常维护费用的 30%。轮胎性能的优劣直接影响车辆的牵引性、通过性、稳定性、安全性和舒适性等。现代城市公交车辆都采用充气式轮胎，轮胎安装在轮辋上，直接与路面接触，其主要作用如下：

（1）支承车辆的质量，承受路面传来的各种载荷的作用。

（2）与车辆悬架共同来缓和车辆行驶中所受到的冲击，并衰减由此而产生的振动，以保证车辆有良好的乘坐舒适性和行驶平顺性。

（3）保证车轮和路面有良好的附着性，以提高车辆的动力性、制动性和通过性。

充气轮胎按组成结构不同，分为有内胎轮胎和无内胎轮胎两种。城市公交车辆常用无内胎轮胎。按胎体中帘线排列的方向不同，轮胎还可分为普通斜交胎、带束斜交胎和子午线胎。按胎压大小的不同，充气轮胎可分为超低压胎、低压胎、高压胎。

（一）普通斜交胎

普通斜交胎由胎面、帘布层、缓冲层及胎圈组成，如图 9-1-2 所示。

普通斜交胎胎体坚固，胎侧不易损坏，在车辆低速行驶时乘坐舒适性好，价格相对较低，但其缺点是滚动阻力大，使用寿命短。城市公交车后轮普遍使用该轮胎。

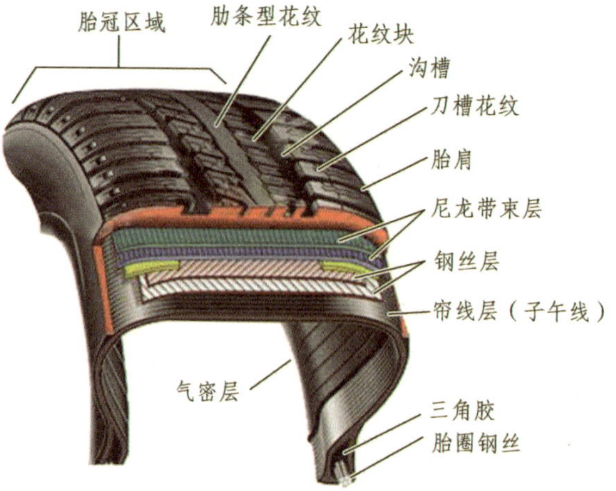

图 9-1-2　普通斜交胎的结构

（二）子午线轮胎

子午线轮胎用钢丝或纤维植物制作帘布层，其帘线与胎面中心的夹角接近 90°角，并从一侧胎边穿过胎面到另一侧胎边，帘线在轮胎上的分布好像地球的子午线，所以称为子午线轮胎，如图 9-1-3 所示。

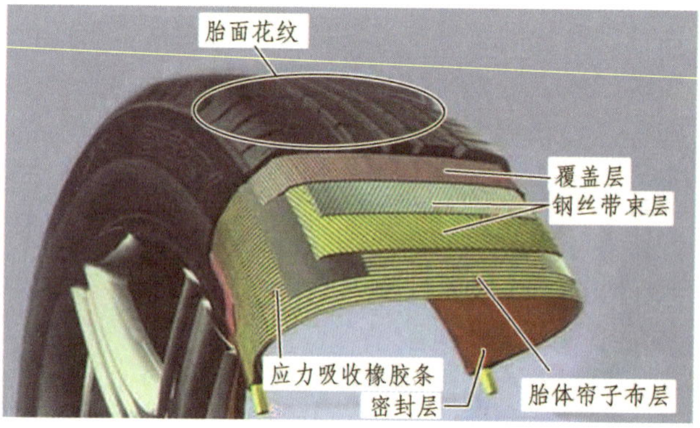

图 9-1-3　子午线轮胎的结构

由于子午线轮胎具有帘布成子午线环形排列，胎体与带束层帘布线形成许多密实的三角网状结构的特点，因此，子午线轮胎帘线的强度得到充分利用，从而使帘布层可大量减少，减少了轮胎的质量，并大大提高了胎面的刚性，减少了胎面与路面的滑移现象，提高了轮胎的耐磨性。与普通斜交轮胎相比，子午线轮胎质量轻，轮胎弹性大，减振性能好，具有良好的附着性能，滚动阻力小，承载能力大，行驶中胎温低，胎面耐穿刺，轮胎使用寿命长。其缺点是轮胎成本高，胎侧变形大，容易产生裂口，并且侧向稳定性差。

二、轮胎规格的表示方法

轮胎规格的表示方法见图 9-1-4 所示。

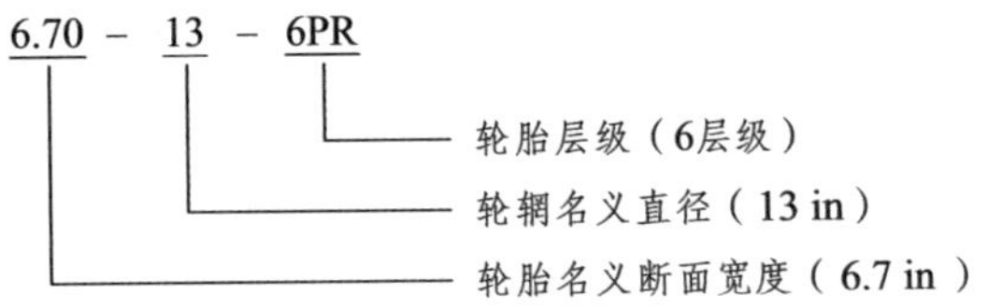

（a）斜交轮胎

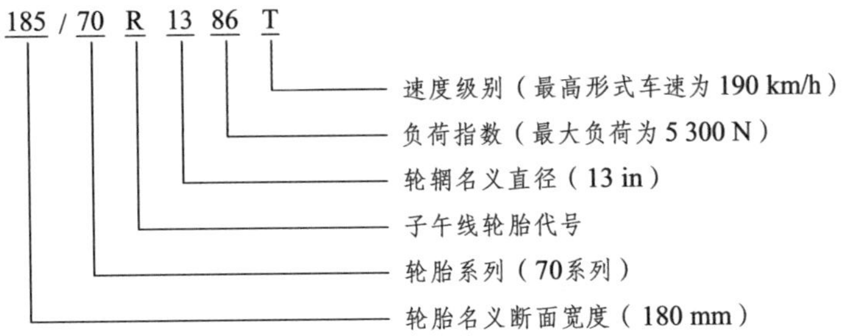

（b）子午线轮胎

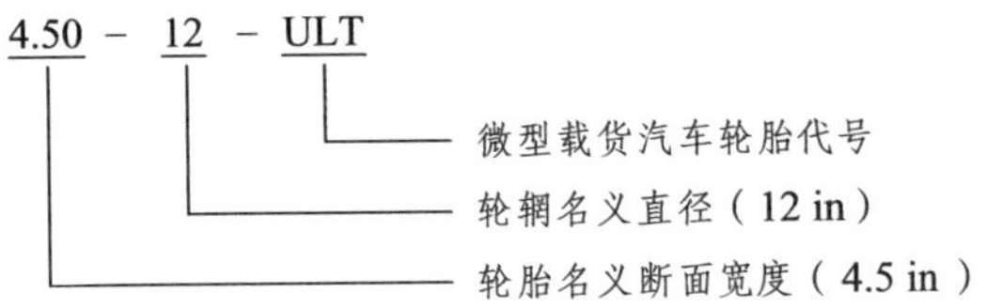

（c）微型载货汽车普通断面斜交轮胎

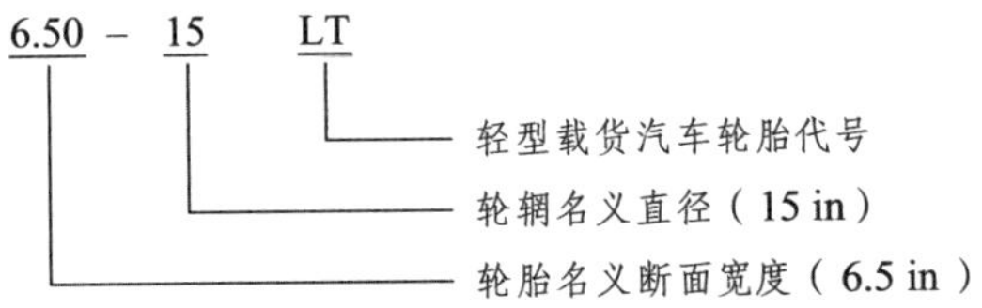

（d）轻型载货汽车普通断面斜交轮胎

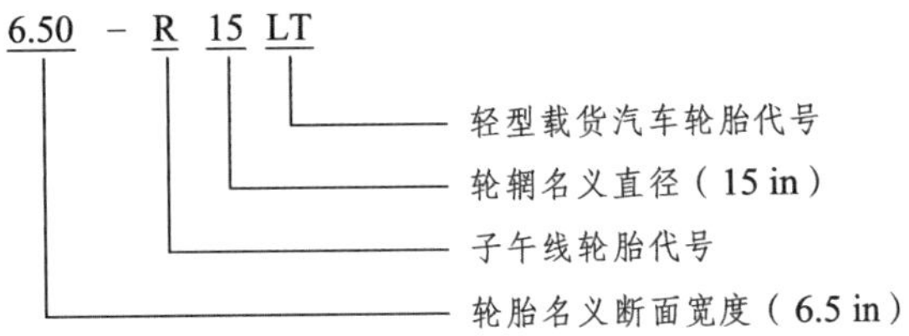

（e）轻型载货汽车普通断面子午线轮胎

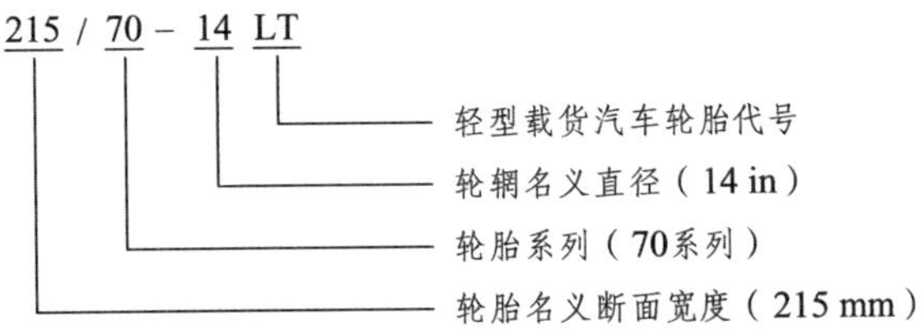

（f）轻型载货汽车斜交公制系列轮胎

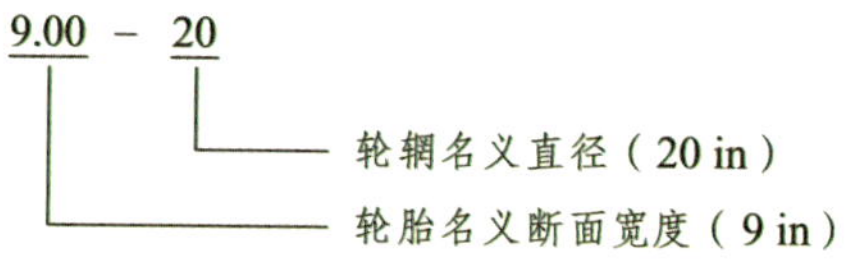

（g）中型、重型载货汽车普通断面斜交轮胎

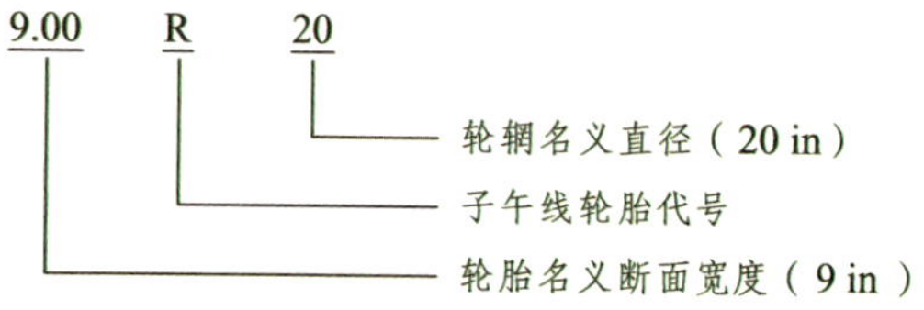

（h）中型、重型载货汽车普通断面子午线轮胎

图 9-1-4 轮胎规格的表示方法

三、影响车辆轮胎寿命的因素

轮胎的使用性能是以利用压缩空气的性质和内外胎的弹性为基础的。车辆车轮承受和传递车辆与路面的全部作用力，在各种外力的作用下，产生复杂的变形，因变形发生摩擦，产生大量内热，使轮胎温度升高，强度降低。轮胎的损坏，基本上就是力和热综合作用的结果。

轮胎气压、轮胎负荷、车辆行驶速度和气温、道路条件、车辆技术状况、驾驶方法、维修质量和管理技术等因素对轮胎使用寿命影响很大。

1. 轮胎气压

“气压是轮胎的生命”，轮胎气压不同，所承受的负荷就不同。轮胎气压偏离标准是轮胎早期损坏的主要原因，尤以气压不足对轮胎的危害最大。

轮胎气压越低，胎侧变形越大，使胎体帘线产生较大的交变应力。由于帘线能承受较大的伸张变形，而承受压缩变形的能力较差，故周期性的压缩变形会加速帘线的疲劳破坏。

2. 轮胎负荷

轮胎所承受的最大负荷，设计时已经限定。超载时，外胎损坏特点与气压低时类似，胎侧弯曲变形大。但轮胎超载时，受力和变形状态比气压低时更恶化，因此轮胎的损坏就更加严重。

3. 车辆行驶速度和气温

高速行驶时胎面与路面摩擦频繁，滑移量大，使胎体温度升高，结果导致轮胎气压增高。

气温对轮胎的使用寿命影响也很大。高温会使轮胎使用寿命明显缩短，其根本原因是在这种场合下轮胎气压急剧升高。

4. 道路条件

影响轮胎使用寿命的道路因素主要是路面材料和平坦度。它们关系到摩擦力和动负荷的大小，由此影响轮胎的使用寿命。

轮胎在良好平整的路面上行驶时，负荷的类型主要是静负荷，主要损坏形式是正常磨损。车辆在坏路上行驶时，由于轮胎动负荷大，轮胎使用寿命缩短。

5. 汽车技术状况

汽车底盘的技术状况，尤其是行驶系统不良，会造成轮胎的异常磨损。

6. 汽车驾驶方法

起步过猛使驱动轮上的负荷骤然增加，轮胎与地面发生强烈的摩擦，并易发生滑转现象，增加轮胎磨损。

紧急制动时，轮胎由滚动变为滑移，局部胎面受到剧烈摩擦产生高温，使胎面胶软化而加剧磨损。同时，在缓冲层和帘布层中产生较大的切应力，会使胎面花纹发生崩裂，胎面胶脱空或胎体脱层。

转弯过急，使车轮侧向滑移，增加胎面磨损，并使胎侧过度变形，在胎圈部位产生很大的应力，可使胎圈破裂，胎体脱层，甚至爆破。

行驶中轮胎碰撞障碍物，使轮胎受到强烈冲击，引起过度变形，损坏帘布层。

7. 轮胎的维护质量

在汽车二级维护中没有将拆检轮胎、进行轮胎换位作为主要内容。拆装轮胎时不使用专用工具或拆装方法不当，也会影响轮胎的使用寿命。

如果将类型、规格、花纹和新旧程度不同的轮胎混装，就会使部分轮胎超载而早期损坏。

四、轮胎的使用

（1）保持轮胎标准气压。

（2）防止轮胎超载，轮胎的负荷不应超过轮胎的额定负荷。

（3）掌握车速，控制胎温，汽车行驶速度与轮胎生热的关系很大，车速越高，挠曲变形速度就越快，轮胎生热量也就越大，轮胎胎体温度上升至 100 °C 以上时轮胎会分层、脱空、爆胎。

（4）保持汽车技术状况良好。

（5）正确驾驶，汽车应起步平稳，加速均匀，选择平坦路面，少用紧急制动。

任务实施

一、实施准备

（一）任务名称

城市公交车辆轮胎的例行维护。

（二）资源要求

（1）根据工位数量将学生分组，每小组 6 人分工协作操作。

（2）做好车辆安全防护工作，对完工车辆进行检验，并做好现场 5S 工作。

（3）操作设备及资料清单（见表 9-1-1）。

表 9-1-1　操作设备及资料清单

序号	名　称	型　号	数量
1	实训城市公交客车整车	CK6106	2
2	城市公交客车使用手册	CK6106	5
3	任务工单		1 份/人

二、任务执行

例行维护应在每天的出车前、收车后及途中进行。

1. 出车前检查

车辆出车前对轮胎进行如下检查：

（1）检查各轮胎气压是否符合规定，气门嘴是否正常。

（2）检查轮胎螺母是否紧固，翼子板、挡泥板、货厢等与轮胎是否有干涉现象。

（3）检查随车工具及备件（撬胎棒、千斤顶、车轮螺母、套筒扳手、气压表、手锤、挖石子钩及轮胎途中修补备件和工具等）是否齐全有效。

2. 途中检查

车辆在行驶途中应结合中途停车、装卸等各种机会，对轮胎进行途中检查。停车地点应选择清洁、平坦、安全且不影响其他车辆通过的场所。

（1）清除轮胎花纹、双胎间及其他处石子和夹杂物。

（2）检查轮胎的气压、胎温是否正常，如不正常，应及时补气或停车降温。

（3）检查轮胎各部磨损及损坏情况。胎面、胎侧是否有异常磨损或损坏，轮辋有无损伤。

3. 收车后检查

车辆在收车后，应对轮胎进行检查：

（1）车辆收车后应停放在指定的停车场内，停车场地应干燥、清洁、无油污及杂物。严冬雨雪天气，应清除停车场地上的冰雪，以免轮胎与地面冻结。

（2）检查轮胎螺母是否松动，备胎及备胎架是否安装牢固。

（3）检查轮胎气压是否正常，并清除轮胎花纹中的石子及夹杂物。

（4）检查轮胎是否有异常损坏，是否需要更换轮胎。

（5）检查备胎技术状况，如备胎已换过，应及时将损坏的轮胎情况报告胎工和胎管员，以被及时送修。

考核评价

实施评价见表 9-1-2。

表 9-1-2　任务实施评价表

考核项目	评价标准	评价方式			得分
流程图是否完成	根据需要进行试车验证（40%）	自评	互评	教师评价	
检查计划是否合理	按照计划顺利维护轮胎（20%）				
检查计划设计是否规范	维护过程规范、流程清晰（20%）				
现场 5S 工作情况	工具整理、现场清扫等（20%）				

课后拓展

（1）轮胎的作用有哪些？

（2）轮胎的使用寿命影响因素有哪些？

（3）轮胎例行维护应注意哪些方面？

任务二　城市公交车辆行驶系统其他装置的构造与使用

学习目标

（1）了解车架的作用与结构。
（2）了解车桥的作用与结构。
（3）了解车辆悬架的作用与结构。

情境导入

小明在驾驶城市公交教练车进行直线行驶训练时，在技术要领正确的情况下车辆总会跑偏，假设你是教练，为小明解释该问题的原因。

知识准备

一、车　架

车架的功用是支承连接汽车的各零部件，并承受来自车内外的各种载荷。车架是整个汽车的基体，汽车的绝大多数部件和总成都是通过车架来固定其位置的。车架除承受静载荷外，还要承受汽车行驶时产生的各种动载荷。因此，车架必须满足下列要求：

（1）足够的强度、刚度，质量上在保证强度刚度的条件下尽可能小。

（2）在结构上应使零件安装方便，受力均匀，不造成应力集中。

（3）满足汽车总布置的要求，各运动件不发生运动干涉，能获得较低的汽车重心（保证离地间隙），保证汽车行驶的稳定性和机动性。

车架一般由纵梁和横梁组成，通过铆接或焊接的方法将纵梁和横梁连接成坚固的刚性构件，如图 9-2-1 所示。

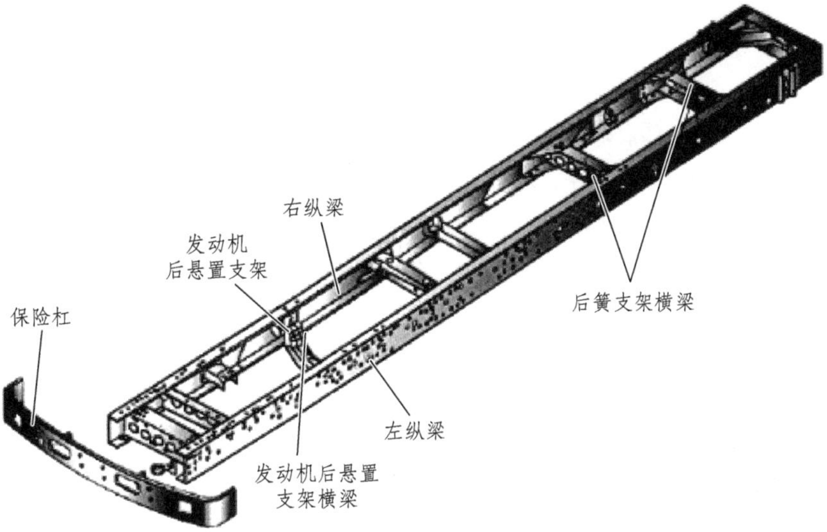

图 9-2-1　车架的结构

二、悬　架

悬架的功用是弹性地连接车桥或车身，缓和行驶中车辆受到的冲击，保证货物完好、人员舒适，衰减振动，使汽车保持稳定的姿势，改善操纵的稳定性。

现代汽车的悬架虽有不同的结构形式，但一般都是由弹性元件、减振器和导向机构三部分组成，如图 9-2-2 所示。

图 9-2-2　悬架的结构

悬架有独立悬架和非独立悬架两种类型。独立悬架车桥做成断开的，每一侧车轮单独通过悬架与车架相连，每个车轮能独立上下跳动而互不影响。非独立悬架左右车轮安装在一根整体车桥两端，车桥则通过弹性元件与车架相连，当一侧车轮因道路不平而发生跳动时，必然会引起另一侧车轮在汽车横向平面内发生摆动。城市公交客车多采用此种类型。

三、车　桥

车桥的作用是传递车架（或承载式车身）与车轮之间各方向的作用力。按车桥在车轮上的作用不同，车桥可分为驱动桥、转向桥、转向驱动桥和支持桥四种类型。因篇幅受限，本书仅介绍转向桥。

转向桥通常位于汽车前部，因此也常称为前桥。各种类型汽车的转向桥结构基本相同，主要由前轴（梁）、转向节、主销和轮毂四部分组成，如图 9-2-3 所示。

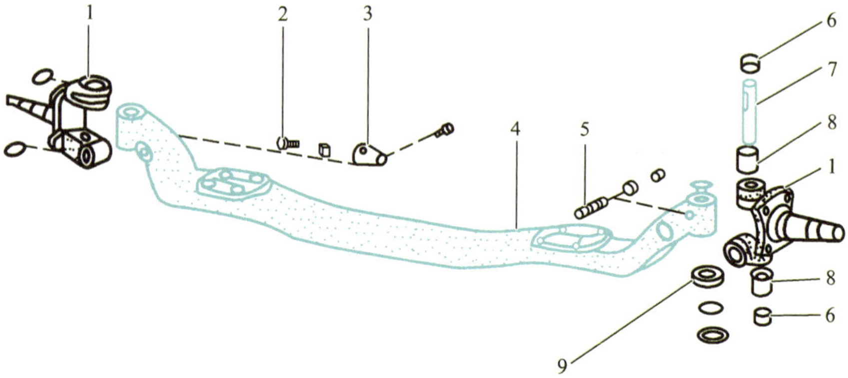

图 9-2-3　转向桥的结构

1—转向节；2—转向节固定螺栓；3—转向节固定器；4—前轴；5—主销固定螺栓；6—螺塞；7—主销；8—衬套；9—轴承

转向桥除了具有车桥的基本作用之外，还能使装在前桥两端的车轮偏转一定的角度，实现汽车转向。

城市公交车在转向过程中，转向轮定位十分重要。转向轮定位的基本作用是使汽车保持稳定的直线行驶，转向后能自动回正，提高汽车行驶的安全性，使转向轻便，减少轮胎和转向机件的磨损。转向轮定位是指转向轮、转向节和前轴三者之间所具有的一定的相对安装位置，它包括主销后倾、主销内倾、前轮外倾和前轮前束 4 个参数。

1. 主销后倾

主销后倾角是指在纵向平面内主销上部向后倾斜一个角度 γ，通常在 3°以内，它使主销轴线与路面的交点位于轮胎接地中心之前，该距离称为后倾拖距。此时，汽车转向引起的离心力使路面对车轮作用着一阻碍其侧滑的侧向反力，使车轮产生绕主销旋转的回正力矩，保证了汽车有较好的直线行驶稳定性，如图 9-2-4 所示。

2. 车轮外倾

车轮外倾角是指车轮在安装时，其轮胎中心不是垂直于水平面，而是向外倾斜一

个角度 α，为 0.5°～1.5°，它可避免汽车重载时车轮产生内倾，同时和拱形路面相适应，如图 9-2-5（a）所示。

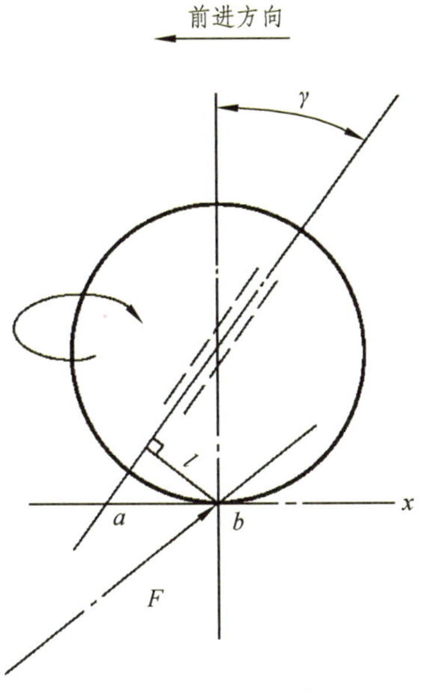

图 9-2-4　主销后倾示意图

3. 主销内倾

主销内倾角是指在横向平面内主销上部向内倾斜的一个角度 β，一般为 5°～8°，它使主销轴线与路面的交点至车轮中心平面的距离 e（即主销偏移距）减小，从而可减小转向时需加在转向盘上的力，使转向轻便；它还使车轮转向时不仅有绕主销的转动，还伴随有车轮轴及前梁向上的移动，当转向盘松开时，所储存的上升位能使转向轮自动回正，保证了汽车直线行驶的稳定性，如图 9-2-5（b）所示。

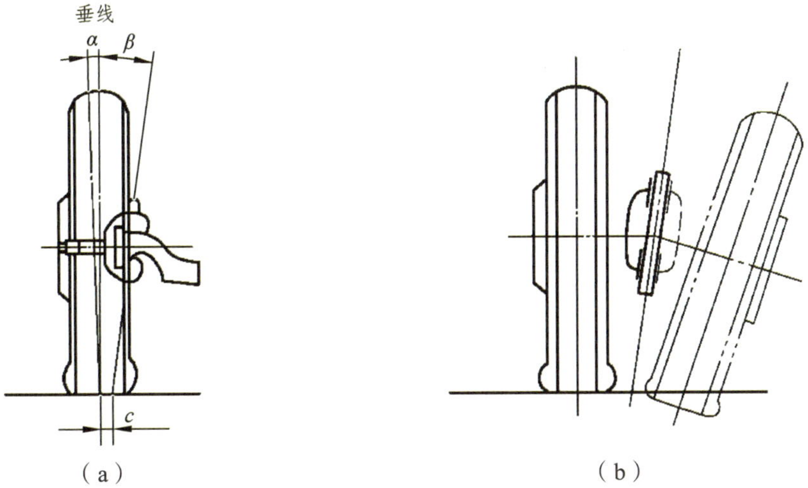

图 9-2-5　车轮外倾和主销内倾示意图

主销后倾角大小一般是利用前轴、钢板弹簧和车架装配在一起时，钢板弹簧对前轴产生一个扭转力矩，使前轴向后转过一个角度，进而使主销孔向后倾斜而形成的。维修中可在钢板弹簧与前轴之间加装楔形垫块进行调整。

4. 前轮前束

为了消除汽车行驶时因车轮外倾导致的车轮前端向外张开的不利影响（具有外倾角的车轮滚动犹如滚锥），可使车轮安装时两前轮中心平面不平行，且左右轮前面轮缘间的距离 A 小于后面轮缘间的距离 B，使车轮每一瞬时的滚动方向是向着前方，前束即 $B-A$，一般汽车为 3～5 mm，如图 9-2-6 所示。

前轮前束的作用是减小或消除汽车前进中，因前轮外倾和纵向阻力致使前轮前端向外滚开所造成的滑移。

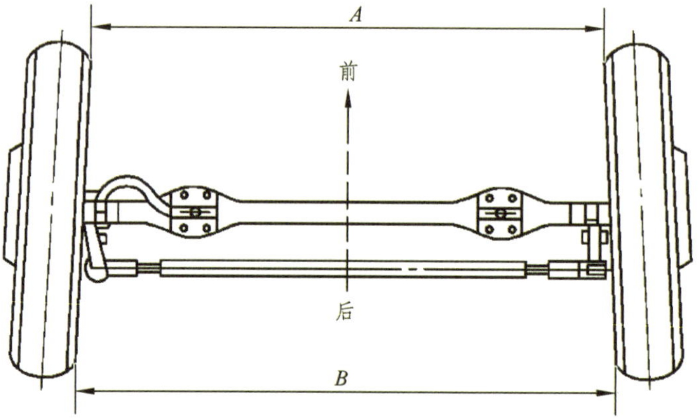

图 9-2-6　前轮前束（俯视图）

一、实施准备

（一）任务名称

城市公交车辆行驶系统的结构认知。

（二）资源要求

（1）根据工位数量将学生分组，每小组 6 人分工协作操作。
（2）做好实训设备安全防护工作，做好现场 5S 工作。

（3）操作设备及资料清单（见表 9-2-1）。

表 9-2-1　操作设备及资料清单

序号	名　称	型　号	数量
1	城市公交车行驶系统实训台	CK6106	5
2	城市公交客车使用手册	CK6106	5
3	任务工单		1 份/人

二、任务执行

在教师的带领下对城市公交车行驶系统结构进行认知，根据任务书填写各零部件、总成的名称。

考核评价

考核评价见表 9-2-2。

表 9-2-2　任务实施评价表

考核项目	评价标准	评价方式			得分
认知流程图是否完成	根据需要进行试车验证（40%）	自评	互评	教师评价	
认知计划是否合理	按照计划顺利实施任务（20%）				
任务书填写是否规范	认知过程规范，任务书填写清晰、正确（20%）				
现场 5S 工作情况	工具整理、现场清扫等（20%）				

课后拓展

（1）简述汽车行驶系统的组成。
（2）简述前轮定位的四个参数。

项目十

城市公交车辆制动系统

任务一　制动系统的构造与使用

学习目标

（1）掌握城市公交车辆制动系统的作用及组成。

（2）掌握城市公交车辆制动系统的使用。

情境导入

小明在驾驶城市公交教练车进行路训练习时，行驶到长下坡路段，教练让他分多次轻踩刹车，小明不明白其中的道理，假设你是教练，为他讲解车辆制动系统的相关知识，并指导他正确使用刹车。

知识准备

制动系统是汽车的重要总成之一，是为使高速行驶的汽车减速或停车而设计的。为了确保汽车在复杂多变的道路交通情况下能够高速安全行驶，提高其运输效率，行驶中需随时控制车速。这就需要有一个能使汽车及时减速以致停车，确保汽车稳妥停放的系统——汽车制动系统。

一、制动系统的作用

汽车制动系统的作用就是使行驶中的汽车按照驾驶员的要求进行强制减速甚至停车，使已停驶的汽车在各种道路条件下（包括在坡道上）稳定驻车，使下坡行驶的汽车速度保持稳定。为保证车辆制动系统的作用，对制动系有着较高的要求：

（1）具有良好的制动性能，包括制动效能、制动效能的恒定性、制动时的方向稳定性 3 个方面。

（2）操纵轻便。

（3）制动平顺性好。

（4）对有挂车的制动系，还要求挂车的制动作用略早于主车；挂车自行脱钩时能自动进行应急制动。

二、制动系统的类型与工作原理

（一）制动系统的类型

制动系统的分类有多种，按制动系统的功用分为行车制动系统、驻车制动系统、第二制动系统、辅助制动系统；按制动能量传输方式分为机械式、液压式、气压式、电磁式以及组合式制动系统；按回路数量分为单回路制动系统、双回路制动系统；按制动能源分为人力制动系统、动力制动系统、伺服制动系统等。

虽然制动系类型很多，但其一般由供能装置、控制装置、传动装置、制动器四部分组成，如图 10-1-1 所示。

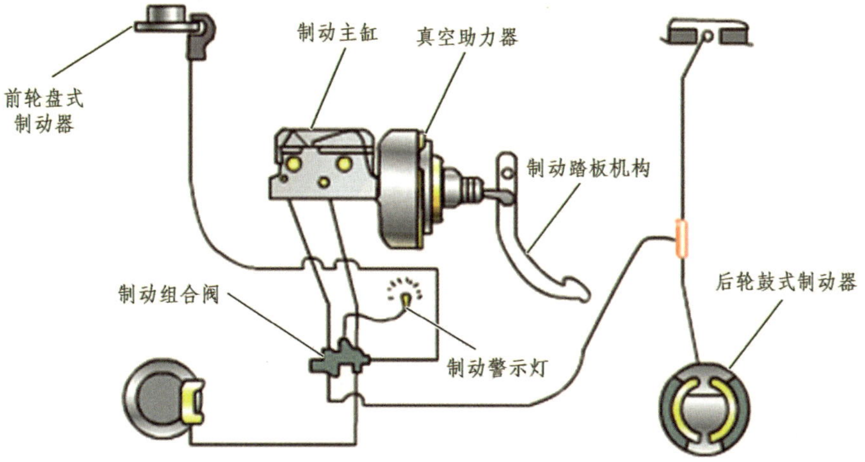

图 10-1-1　制动系统的组成

（二）制动系统的工作原理

制动系统的工作原理如图 10-1-2 所示。该图是行车制动装置某一个车轮的制动过程。从图中可以看出，行车制动系统由车轮制动器和液压传动机构两部分组成。

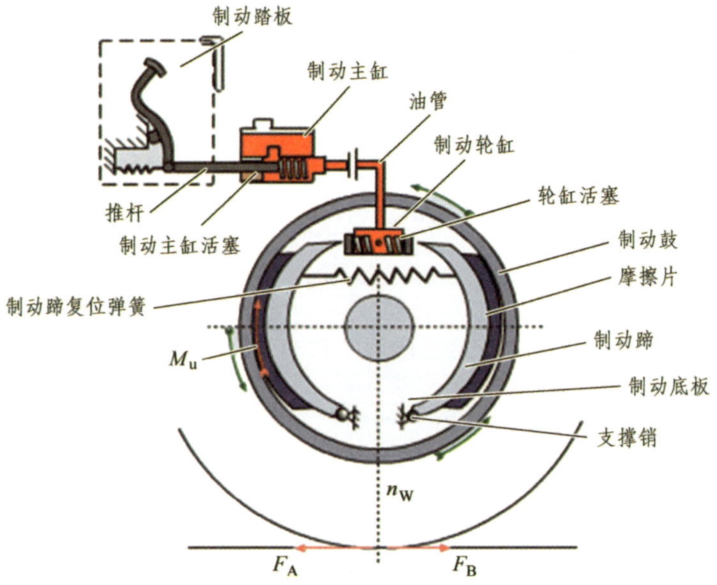

图 10-1-2　制动系统工作原理示意图

车轮制动器的旋转部分是制动鼓，它固定于轮毂上，与车轮一起旋转；固定部分是制动管路和制动底板等。制动蹄上铆有摩擦片，其下端套在支撑销上，上端用复位弹簧拉紧压靠在轮缸缸内的活塞上。支撑销和轮缸固定在制动底板上，制动底板用螺钉与转向节凸缘（前桥）或桥壳凸缘（后桥）固定在一起。制动蹄靠液压轮缸张开。

不制动时，制动鼓的内圆柱面与摩擦片之间保留一定间隙，制动鼓可以随车轮一起旋转。

制动时，驾驶员踩下制动踏板，主缸推杆便推动制动主缸内的活塞后移，迫使制动液经管路进入轮缸，推动轮缸的两活塞向外移动，使制动蹄克服复位弹簧的拉力绕支撑销转动而张开，消除制动蹄与制动鼓之间的间隙后压紧在制动鼓上。此时，不旋转的制动蹄摩擦片对旋转的制动鼓产生一个摩擦力矩，其方向与车轮的旋转方向相反。制动鼓将此力矩传到车轮后，由于车轮与路面的附着作用，车轮即对路面作用一个向前的圆周力；与此相反，路面会给车轮一个向后的反作用力，这个力就是车轮受到的制动力。各车轮制动力的总和就是汽车受到的总的制动力。

放松制动踏板，在复位弹簧的作用下，制动蹄与制动鼓的间隙得以恢复，从而解除制动。

三、制动系统的主要部件

（一）制动器

车轮制动器的作用是利用固定元件和旋转元件工作表面的摩擦而产生与汽车行驶方向相反的制动力矩，使旋转元件的旋转角速度降低，同时依靠车轮与地面的附着作用，产生路面对车轮的制动力，以使汽车迅速减速或停车。

车轮制动器按结构可分为鼓式制动器和盘式制动器。鼓式制动器的旋转元件为制动鼓，工作表面为圆柱面。盘式制动器的旋转元件为制动盘，工作表面为端面。城市公交车辆普遍采用鼓式制动器，鼓式制动器造价低，但制动力稳定性、制动效能和散热性能较差。

鼓式制动器制动片位于制动轮内侧，其制动时，制动片向外张开，摩擦制动轮的内侧，以达到制动的目的，如图 10-1-3 所示。

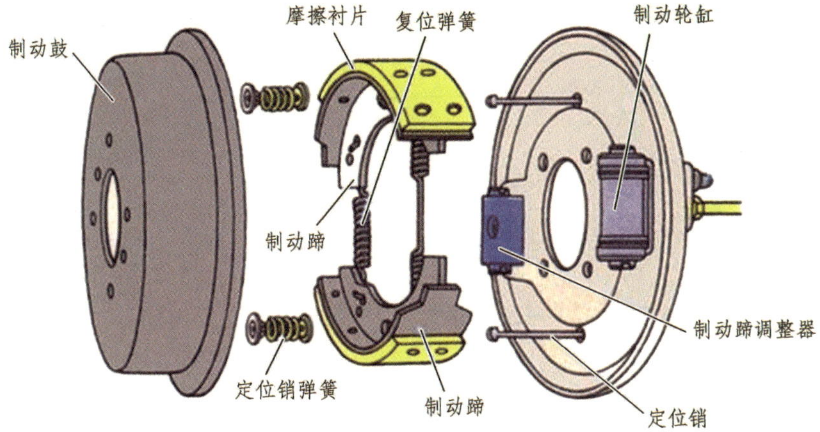

图 10-1-3　鼓式制动器结构

盘式制动器摩擦副中的旋转元件为以端面为工作面的金属圆盘，称为制动盘，如图 10-1-4 所示。根据固定元件的结构形式，盘式制动器可分为钳盘式制动器与全盘式制动器。

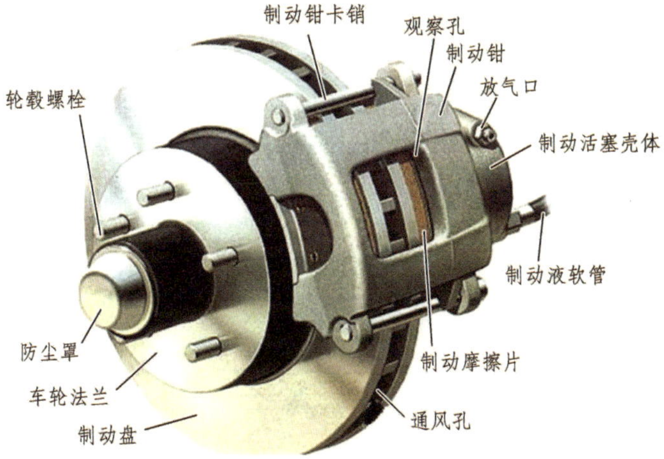

图 10-1-4　盘式制动器结构

（二）制动传动装置

制动传动装置的作用是将驾驶员或其他动力源的作用传到制动器，同时控制制动器的工作，从而获得所需要的制动转矩。制动传动装置按传力介质不同，可分为液压式和气压式两种类型。目前，城市公交车辆广泛采用气压式制动传动装置，其利用压缩空气作为制动装置的动力源，如图 10-1-5 所示。其特点是制动操纵省力、制动强度大、踏板行程小，但需要消耗发动机的动力。

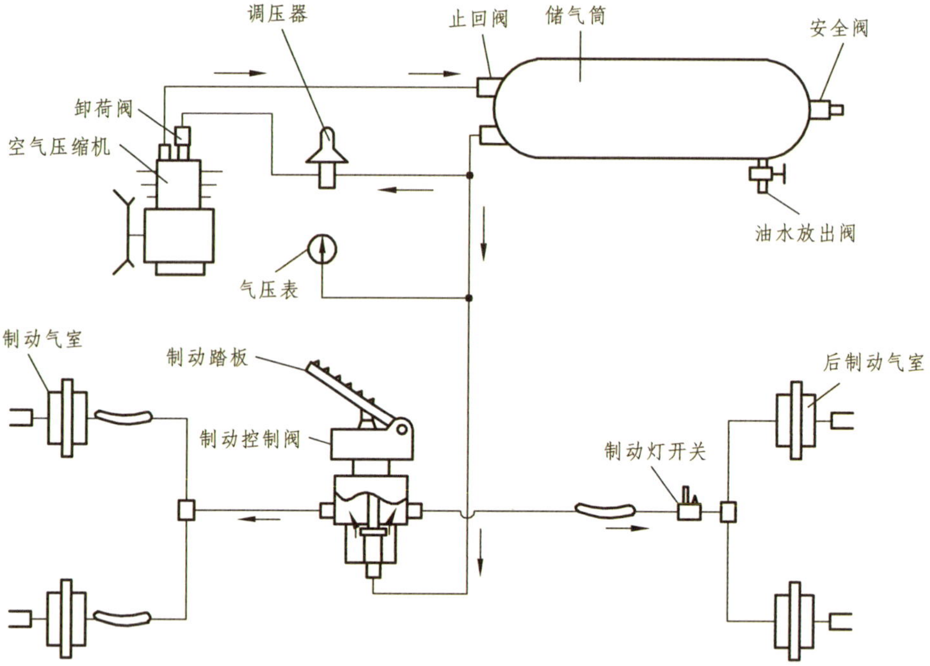

图 10-1-5　气压制动传动装置结构

气压制动传动装置主要由空气压缩机与调压阀、制动控制阀、滤气调压阀等组成。

空气压缩机一般固定在发动机缸的一侧，多由发动机通过皮带或齿轮来驱动，为气压制动传动装置提供动力源。

调压阀的作用是调节储气筒中压缩空气的压力，使之保持在规定的压力范围内，同时使空气压缩机能卸荷空转，减少发动机的功率损失。

制动控制阀的作用是控制从储气筒充入制动气室和挂车制动控制阀的压缩空气量，从而控制制动气室中的工作气压，并有渐进变化的随动作用，即保证制动气室的气压与踏板行程有一定的比例关系。

滤气调压阀是调压阀与油水分离器组合成的一个部件。

（三）控制装置

控制装置主要由制动气室、制动阀等组成。

四、制动系统的使用

1. 先急后松制动法

遇到紧急情况时，第一脚制动先急速踩下制动踏板，紧接着缓慢踩第二脚制动踏板，然后根据实际情况慢慢松抬制动踏板，再根据车速将换挡操纵手柄拨入适当挡位，配合加速踏板，恢复正常行驶。

2. 预见性制动法

遇到情况需提前放松加速踏板使汽车减速，同时将制动踏板连续缓慢地踩下。这种提前减速制动可以降低因紧急制动所造成的冲击。

3. 点制动法

对于没有加装 ABS 的汽车，这种制动方法通常在雨天或泥泞路面上使用。点制动就是右脚轻轻地一点一点地踩制动踏板。这种制动方法可以减少由于车轮被抱死所出现的方向失控，同时可以获得较大的制动力。

4. 紧急制动法

这种制动方法用于十分紧急的情况下。制动时，左手应握紧转向盘，右脚迅速将制动踏板踩到底。必要时，同时拉紧驻车制动器，使车尽快停住。特别提醒：在紧急制动时，千万不要踩离合器踏板；在平时行驶中，不到十分紧急情况时，绝不得轻易使用紧急制动。

任务实施

一、实施准备

（一）任务名称

城市公交车制动系统的检查与维护。

（二）资源要求

（1）根据工位数量将学生分组，每小组 6 人分工协作操作。

（2）做好车辆安全防护工作，对完工车辆进行检验，并做好现场 5S 工作。

（3）操作设备及资料清单（见表 10-1-1）。

表 10-1-1　操作设备及资料清单

序号	名　称	型　号	数量
1	实训城市公交客车整车	CK6106	2
2	城市公交客车使用手册	CK6106	5

二、任务执行

1. 出车前检查

（1）检查制动管路有无泄漏。

（2）打开滤气调压阀，排泄油水分离器中的积水、油污。

（3）启动发动机，让空压机工作，查看仪表，检查制动气压是否达到规定值。

（4）踩下制动踏板，检查制动操纵机构是否操纵自如。

2. 行车中检查

注意制动系统操纵机构是否灵活，工作是否可靠。

3. 收车后检查

（1）检查制动气压管路接头是否牢固，有无漏气。

（2）打开滤气调压阀，排泄油水分离器中的积水、油污。

（3）停车后塞上三角木，做好车厢内清洁，做好现场 5S 工作。

考核评价

实施评价见表 10-1-2。

表 10-1-2　任务实施评价表

考核项目	评价标准	评价方式			得分
流程图是否完成	根据需要进行试车验证（40%）	自评	互评	教师评价	
诊断计划是否合理	按照计划顺利诊断故障（20%）				
诊断计划设计是否规范	诊断过程规范、流程清晰（20%）				
现场 5S 工作情况	工具整理、现场清扫等（20%）				

课后拓展

（1）简述制动系统的作用及工作原理。
（2）简述制动系统在使用中的注意事项。

任务二　防抱死制动系统（ABS）的使用

学习目标

（1）掌握 ABS 的工作原理及组成。
（2）掌握 ABS 的使用方法。

情境导入

小明在驾驶城市公交教练车训练时，行至一陡下坡地段，教练告诉他降低车速，该城市公交教练车安装有 ABS，不要采用“点刹”的方式刹车，小明很困惑，假设你是教练，为小明讲解 ABS 的相关知识，并指导小明正确使用 ABS。

知识准备

行车时若踩下制动踏板，车轮可能会在车辆停止前抱死。在这种情况下，若前轮抱死则，车辆的操纵性能便会降低；若后轮抱死，则车辆的稳定性便会降低，从而导致车辆的操纵极为不稳定。防抱死制动系统（ABS）可以精确地控制车轮的滑移率，以保证作用在轮胎上的附着力为最大，从而保证汽车的操纵性和稳定性。

汽车行驶时，车轮在路面上的纵向运动可区分为两种形式：滚动和滑动。滑动又可分为滑移和滑转两种形式。

汽车在制动过程中，车轮的运动可以划分为三个阶段：纯滚动、边滚边滑、完全拖滑。一般用滑移率来表示车轮在制动过程中滑移成分在车轮纵向运动中所占的比例，用 S 表示。其定义表达式为

$$S=\frac{v-r\omega}{v}\times 100\%$$

式中 S——车轮的滑移率，%；

r——车轮的自由滚动半径，m；

ω——车轮的转动角速度，rad/s；

v——车速，m/s。

由上式可知：当汽车的实际车速等于车轮滚动时的圆周速度时，滑移率为零，车轮为纯滚动；当汽车制动时，逐渐踩下制动踏板，车轮边滚动边滑动，清移率在 0～100%之间；当制动踏板完全踩到底，车轮处于抱死状态，而车身又具有一定的速度时，车轮滚动的圆周速度为零，则滑移率为 100%。

大量实验证明，在汽车的制动过程中，附着系数的大小随着滑移率的变化而变化。在 S=20%左右时，纵向附着系数最大，然后随着滑移率的进一步增大，当 S=100%，即车轮抱死时，纵向附着系数有所下降，制动距离会增加，制动效能下降。对于横向附着系数，当 S=0 时，横向附着系数最大，然后随着滑移率的增大，横向附着系数逐渐下降，并在 S=100%，即车轮抱死时横向附着系数下降为零左右，此时车轮将完全丧失抵抗外界侧向力作用的能力，稍有侧向力干扰（如路面不平产生的侧向力、汽车重力的侧向分力、侧向风力等），汽车就会产生侧滑而失去稳定性，而转向轮抱死后将失去转向能力。因此，车轮抱死将导致制动时汽车的方向稳定性变差。

从以上分析可知，制动时车轮抱死，制动效能和制动方向稳定性都将变坏。而如果制动时将车轮的滑移率 S 控制在 15%～30%，此时纵向附着系数最大，可得到最好的制动效能；同时横向附着系数也保持较大值，使汽车具有较好的制动方向稳定性。

在汽车的制动过程中，若能将滑移率控制在最大附着系数所对应的滑移率范围，汽车将处于最佳制动状态。

要控制滑移率，就要对作用于车轮上的制动力矩进行瞬时自适应调节。防抱死制动系统就是通过电子控制单元、车轮转速传感器和制动压力调节器，对作用于制动轮缸内的制动液压力进行瞬时自动控制（每秒约 10 次），从而控制制动车轮上的制动器压力，使制动车轮尽可能保持在最佳的滑移率范围内运动，从而使汽车的实际制动过程接近于最佳制动状态。

一、ABS 的作用与基本组成

（一）ABS 的基本功能

ABS 的基本功能如下：

（1）提高汽车制动过程中的方向稳定性，防止汽车侧滑甩尾；

（2）使汽车在最短的距离内停车；

（3）在制动过程中保持对汽车的转向控制；

（4）防止轮胎抱死拖滑，减轻轮胎磨损；

（5）减少驾驶员的紧张情绪。

（二）ABS 的基本组成

ABS 主要由转速传感器、电子控制器和制动压力调节器三大部分组成，如图 10-2-1 所示。

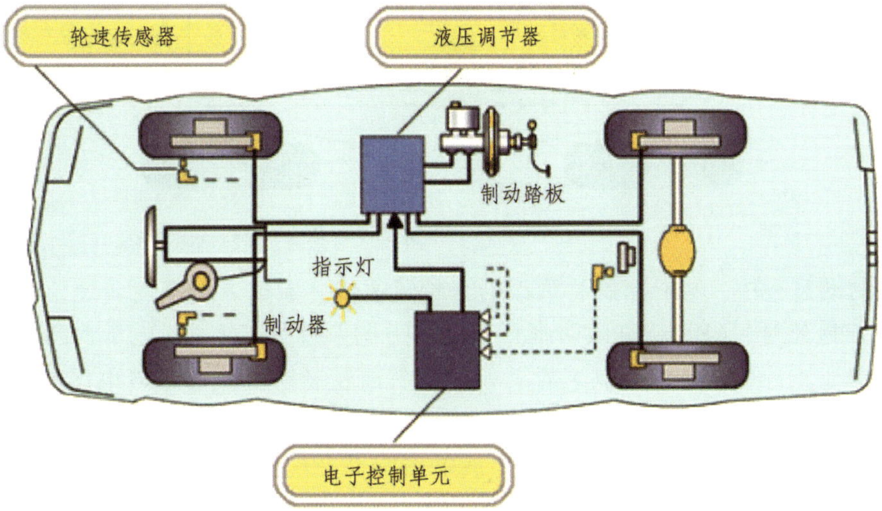

图 10-2-1 ABS 的组成

转速感器也叫轮速传感器，它产生与车轮转速成正比的交流信号。车轮转速传感器将车轮转速信号传给 ABS 系统的电控单元，电控单元通过计算决定是否开始工作，即准确地进行防抱死制动。

制动压力调节器接收 ECU 的指令，通过电磁阀的动作来实现车轮制动器制动压力的调节。

ECU 接收传感器信息计算车轮转速、加减速度、车轮滑移率，并判断车轮是否有抱死趋势，然后向制动压力调节器发出制动压力控制指令，由制动压力调节器执行压力调节的任务。

二、ABS 的工作原理

ABS 工作原理如图 10-2-2 所示。在 ABS 中，每个车轮上各安置一个转速传感器，将关于各车轮转速的信号输入电子控制装置。电子控制装置根据各车轮转速传感器输入的信号对各个车轮的运动状态进行监测和判定，并形成相应的控制指令。各处液压电磁阀均不通电而处于关闭状态，电动泵也不通电运转，制动主缸至各制动轮缸的制动管路均处于沟通状态，而各制动轮缸至储液器的制动管路均处于封闭状态，各制动轮缸的制动压力将随制动主缸的输出压力而变化，此时的制动过程与常规制动系统的制动过程完全相同。

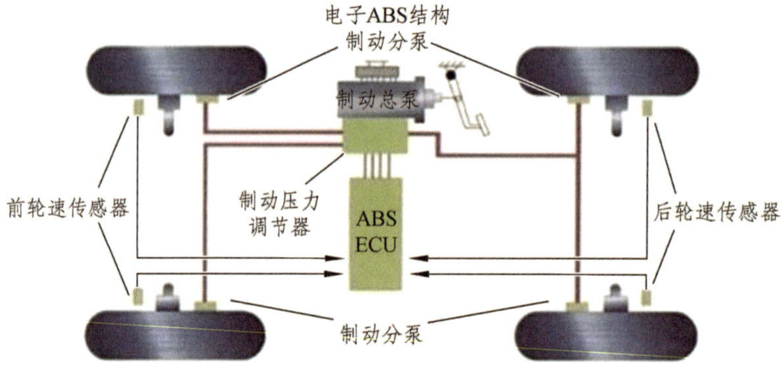

图 10-2-2 ABS 工作原理

在制动过程中，电子控制装置根据车轮转速传感器输入的车轮转速信号判定有车轮趋于抱死时，ABS 就进入防抱死制动压力调节过程。例如，电子控制装置判定右前轮趋于抱死时，电子控制装置就使控制右前轮制动压力的进液电磁阀通电，使右前进液电磁阀转入关闭状态。制动主缸输出的制动液不再进入右前制动轮缸，电子控制装置就使右前进液电磁阀和出液电磁阀都断电，使进液电磁阀转入开启状态，使出液电磁阀转入关闭状态，同时也使电动泵通电运转，向制动轮缸送制动液。由制动主缸输出的制动液和电动泵泵送的制动液都经过处于开启状态的右前进液电磁阀进入右前制动轮缸，使右前制动轮缸的制动压力迅速增大，右前轮又开始减速转动。

三、轮速传感器

轮速传感器的结构形式按工作原理可分为电磁感应式和霍尔效应式两种，目前通常采用电磁感应式。

电磁感应式轮速传感器主要由传感头和齿圈（转子）组成，如图 10-2-3 所示。轮速传感器安装方式主要有径向安装和轴向安装两种方法。

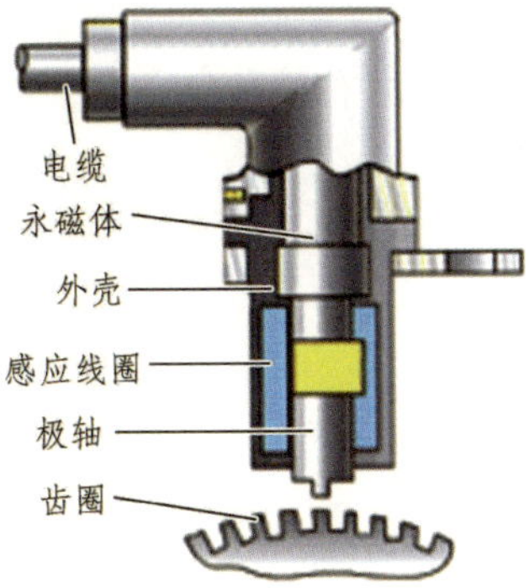

（a）齿式极轴

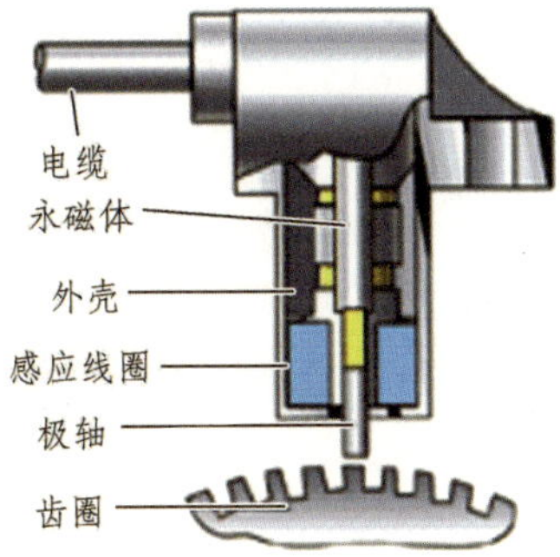

（b）柱式极轴

图 10-2-3　电磁感应式传感器

电磁感应式轮速传感器工作时，传感器齿圈随车轮旋转与传感头极轴做相对运动。当传感头的极轴与齿圈的齿隙相对时，极轴距齿圈之间的空气间隙最大，即磁阻最大，传感头的磁极磁力线只有少量通过齿圈而构成回路，在电磁线圈周围的磁场较弱；当传感头的极轴与齿圈的齿顶相对时，两者之间的空隙较小，即磁阻最小，传感头的磁极磁力线通过齿圈的数量增多，在电磁线圈周围的磁场较强。齿圈随车轮不停地旋转，就使传感头电磁线圈周围的磁场以强—弱—强—弱，周期性地变化，因此电磁线圈就感应出交变电压信号，即车轮转速信号。

四、ABS 使用注意事项

1. 制动操作方法

装用 ABS 的汽车制动时，不仅可使车辆获得较高的制动力，也可使车辆有较好的侧向稳定性和操纵稳定性，从而使驾驶员的制动操作更方便，特别是在湿滑道路上行驶制动时，驾驶员可不必使用点制动的方法来保证汽车的方向稳定性。也就是说，汽车装用 ABS 后，驾驶员只要踩下制动踏板，ABS 就可对汽车实施有效制动，制动操作更为简化。

2. 汽车 ABS 不能“带病”运行

ABS 装用的警示灯，将 ABS 电器的技术状态准确、及时地报告给驾驶员。ABS 电器系统出现故障，必须及时排除，不然就应终止 ABS 的工作。ABS 电器系统出现故障时，如不及时终止 ABS 的工作，有可能对制动压力进行误调，那将是十分可怕的事情。终止 ABS 工作的方法有 2 种：

（1）ABS 自动终止工作；

（2）人工切断 ABS 的电源。

3. 有脉冲感属正常现象

ABS 的调压器工作时，制动介质随时会改变方向流动，将会产生一些噪声，这是正常的。某些装有 ABS 的液压制动系统，由于有制动液回收油路，将制动液加压后输入主缸，所以踩在制动踏板上脚会受到轻微的冲击振动，即有脉冲感，这也是正常的。

任务实施

一、实施准备

（一）任务名称

城市公交车辆 ABS 结构的认知。

（二）资源要求：

（1）根据工位数量将学生分组，每小组 6 人分工协作操作。
（2）做好实训设备安全防护工作，做好现场 5S 工作。
（3）操作设备及资料清单（见表 10-2-1）。

表 10-2-1　操作设备及资料清单

序号	名　称	型　号	数量
1	城市公交车发动机实训台	CK6106	5
2	城市公交客车使用手册	CK6106	5
3	任务工单		1 份/人

二、任务执行

在教师的带领下对城市公交车 ABS 结构进行认知，根据任务书填写各零部件、总成的名称。

考核评价

考核评价见表 10-2-2。

表 10-2-2　任务实施评价表

考核项目	评价标准	评价方式			得分
认知流程图是否完成	根据需要进行试车验证（40%）	自评	互评	教师评价	
认知计划是否合理	按照计划顺利实施任务（20%）				
任务书填写是否规范	认知过程规范，任务书填写清晰、正确（20%）				
现场 5S 工作情况	工具整理、现场清扫等（20%）				

课后拓展

（1）简述 ABS 的特点。

（2）简述 ABS 的工作原理。

参考文献

[1]　人力资源和社会保障部教材办公室. 汽车发动机构造与维修[M]. 北京：中国劳动社会保障出版社，2014.

[2]　人力资源和社会保障部教材办公室. 汽车底盘构造与维修[M]. 北京：中国劳动社会保障出版社，2014.

[3]　孔水清，杨正俊. 汽车发动机构造与维修[M]. 上海：同济大学出版社，2017.

[4]　张则雷. 大客车构造[M]. 北京：人民交通出版社，2017.

[5]　沈锦. 汽车底盘构造与检修[M]. 北京：机械工业出版社，2014.

[6]　李彦. 汽车底盘构造与维修[M]. 北京：化学工业出版社，2010.

[7]　蔡兴旺. 新能源汽车结构与维修[M]. 北京：机械工业出版社，2015.

[8]　谢永东. 汽车制造工艺基础[M]. 北京：机械工业出版社，2008.

[9]　王福忠. 汽车使用与维护[M]. 北京：人民交通出版社，2014.